本书为2016年陕西省科技厅青年科技新星计
项目资助成果（2016KJXX-50）

陕西商周青铜艺术的当代设计转化

卢 昉 著

科学出版社

北 京

内 容 简 介

本书以陕西商周青铜器为研究对象，根据地缘文脉及时代特征进行科学系统的类型整理、艺术分析与客观描述。运用文献典籍、图像资料，结合"二重证据法"和多元方法论，在前人研究基础上，对陕西商周青铜器的艺术源流、纹饰种类、风格特征、象征寓意、文化内涵、表现形式及当代设计转化作了较为全面的阐释，汇集了当代设计领域关注的商周青铜艺术元素，强调传统文化的生命力，对当代设计艺术理论与实践具有一定的借鉴和启发意义。

本书可作为青铜器研究者、学习者和爱好者的参考资料。

图书在版编目(CIP)数据

陕西商周青铜艺术的当代设计转化 / 卢昉著.—北京：科学出版社，2018.1
ISBN 978-7-03-055225-9

Ⅰ.①陕…　Ⅱ.①卢…　Ⅲ.①青铜器（考古）–研究–陕西–商周时代　Ⅳ.①K876.414
中国版本图书馆 CIP 数据核字（2017）第274200号

责任编辑：华长印 / 责任校对：张小霞
责任印制：霍　兵 / 封面设计：铭轩堂

编辑部电话：010-64019653
E-mail:huachangyin@mail. sciencep.com

科学出版社 出版
北京东黄城根北街 16 号
邮政编码：100717
http://www.sciencep.com

三河市骏走印刷有限公司印刷
科学出版社发行　各地新华书店经销
*

2018 年 1 月第 一 版　开本：720×1000　1/16
2018 年 1 月第一次印刷　印张：13 1/2

字数：272 000
定价：**98.00元**
（如有印装质量问题，我社负责调换）

前　言

PREFACE

　　基弗曾说："艺术是一种获取的途径，充满了考古学的潜在意义。"自进入文明社会以来，文化的迷梦一直都在岁月的长河中流传吟诵。正如遗留在商周青铜器上翩跹神秘的纹样一样，先民创造它的最初用意，是想表达自身对世界的感悟。商周，一个闪烁着青铜色泽的古老时代。精美绝伦的纹饰、金声玉振的礼乐、持戈而舞的祭仪……如此这般，构成了华夏文明的早期形态。

　　陕西作为华夏文化的重要发祥地，拥有丰富的青铜遗存。公元前58年，周原一带出土尸臣鼎。此后两千年间，宝鸡、眉县、凤翔、岐山、扶风、大荔、永寿、蓝田、绥德、清涧等，均有青铜器出土。著名的大盂鼎、毛公鼎、大克鼎、散氏盘、虢季子白盘，都出自陕西。新中国成立后，陕西陆续发现青铜器数万件，出土地达40多个市县。长期以来，人们始终孜孜不倦地尝试揭开青铜时代的历史谜面。20世纪初，青铜纹饰逐渐成为研究热点，中外学者对此提出诸多观点。西方部分学者曾认为青铜器上的纹饰纯属装饰，并无特殊意义。然而，大多数学者并不赞同，他们认为，青铜纹饰不仅是精美的装饰艺术，更蕴藏着丰富的文化内涵，正如《左传》所言，"器以藏礼，礼以行义"。故而，前辈先贤们倾毕生心力为之研探，取得不同程度的学术成果，为陕西商周青铜文化研究做出了卓越贡献。

陕西商周青铜器数量众多，种类丰富，难以述及，但许多学者认为，青铜礼器中的容器是商周时期政治、经济、文化的重要物质载体，最具典型性。因此，笔者所选的青铜器主要是考古发掘并正式发表的青铜容器。陕西商周青铜器，以独特的形制特征，精美的装饰纹样，在中国乃至世界艺术史享有卓越地位。它们不仅将造型美寓于功用，兼具实用与审美，还负载着深远的象征意义和文化内涵。直到今天，仍对中华文化产生着重要影响，对新时期艺术设具有积极的指导意义。这些青铜器，不仅有助于我们了解陕西商周时期的文化思想、时代风貌、审美尚趣，还为今天的艺术设计实践带来了灵感源泉，为艺术工作者提供了宝贵借鉴。

卢 昉

2017 年 10 月于长安

目 录

CONTENTS

第一章
绪　论

第一节 青铜文化的界定

青铜是人类金属冶炼史上最早的合金，它是由天然红铜和锡、铅按照一定比例混合熔铸而成的合金材料。早在六七千年以前，我们的先民就开始发现并使用铜。而有关青铜时代一词，则是由丹麦人C.J. 汤姆森（Christian Jürgensen Thomsen，1788 ～ 1865 年）在其著作《北方古物指南》中最先定义为以红铜或青铜制成武器和切割器的时代。著名美籍华裔学者张光直先生（1931 ～ 2001 年）认为，青铜时代应从青铜器的制作和使用已在人们"生活里占有中心地位这件事实，不容置疑"①。由此可见，青铜时代大体指的是在某一特定时间和某一特殊地缘文化范围内，在某一特定人群中，青铜器在社会的生产与生活中代表着当时的最高生产力水平，它既是一个历史概念，同时也是一个文化概念，体现出科技的发展、历史的风采、人性的力量，是文化艺术提升和优化的实践途径，也是时人对美好生活的向往和实现载体（图1-1、图1-2）。

图 1-1 蔡侯方壶 春秋晚期

① ［美］张光直. 中国青铜时代［M］. 北京：生活·读书·新知三联书店，1999：2.

图 1-2　昶伯庸盘　春秋早期

所谓青铜文化，是指在青铜时代的历史视域下，围绕"青铜"为主题所创造的精神财富和物质财富总和。它与青铜时代的文化艺术体系密切相连，体现出"体"和"悟"、"器"和"道"、"物"和"我"的整合对应关系。目前，学术界较为认可的观点认为，青铜文化是发生在特定时空范围内，由特定人群创造的文化生发"过程"。该"过程"凝聚其中的所有物质因素和精神因素，其物质载体是种类丰富的青铜制品，其精神因素展现出时人的审美追求和技艺操持，蕴藉着时人的感受力和创造力。青铜文化既是时间概念，也是空间范畴，两者紧密结合，不可分割。青铜器代表人类早期文明的最高发展水平，与政治制度、宗教信仰、科学技术、社会形态关系密切，是了解青铜时代社会情态的重要实物资料，通过发掘背后牵涉的时代精神与观念嬗变，可较为直观地领略到凝聚在物化载体上的商周文化（图 1-3）。

图 1-3　棱纹簋　西周厉王

中国的青铜文化，不仅在中华民族的艺术发展中占有重要地位，在世界文脉里也独树一帜，带有鲜明的时代特色，代表"轴心时代"的文明高地。

青铜器是我们今天能看到的商周时期的主要实物资料，它直接反映了商周主体文化内涵和社会审美风尚。商周青铜器有不少可与相关文献资料进行印证，同时与人文思想、心理结构、文化礼俗、审美趣尚等方面有较为密切的联系，是深入研究商周社会历史文化的宝贵资料。在商至东周的很长一段时期，商周青铜器具有明显的嬗变过程，可谓丰富多彩、形象各异。

"中国青铜时代这个概念与古代中国文明这个概念相合到几乎可以互换的程度。青铜器本身当然是古代中国文明的突出的特征。"[①]陕西商周青铜器研究是构成商周社会史研究的重要内容，有助于为商周青铜器分期断代提供佐证，为研究商周社会文化提供资料，增进我们对商周社会文化的了解与认识，进而为当今成果转化提供借鉴与思考（图1-4、图1-5）。

图1-4　仲义父罍　西周晚期

本书就是在分析陕西商周青铜器在不同时期的形态特征及发展演变基础上，将青铜器传达的文化内涵置于当时的社会主体文化背景下进行阐释。从根本上讲，就是通过考古学、美术学等理论方法，力争对陕西商周青铜器做出接近于历史的解读，并阐明商周青铜器是如何反映社会主体文化的。归纳

_____

① ［美］张光直.中国青铜时代［M］.北京：生活·读书·新知三联书店，1999：26.

图 1-5　兽面纹钟　商代晚期

起来，是力求丰富商周青铜器纹饰的研究角度。从考古类型学出发，借鉴艺术哲学的研究角度，结合时空、地缘环境等文化地理的方式来研究陕西商周青铜器的基本面貌。图像是对历史文化语境的重现。通过对陕西商周青铜器的研究总结其艺术特征，对它进行图像学分析，归纳它的艺术规律，概括它的艺术风格，从审美角度解析陕西商周青铜器的艺术表现，进而探寻商周时期的生活习俗，最大可能的再现当时历史场景，为研究商周社会发展史提供相应资料，使我们进一步了解商周时期人们的生活情况。陕西商周青铜器是对时人生活的诠释，被赋予了独特的功能和寓意。这些带有丰富内涵的纹饰为什么会成为商周时期的"文化符号"之一？这与他们的社会生活有什么关系？与他们的社会组织结构又有怎样的联系？本书试图就这些问题，去解读其中的文化内涵，并分析这一主题在不同时空的差异性及其社会文化功能。

陕西是周文化的发祥地，有着极为丰富的文物古迹。这里出土青铜器已有很长的历史，公元前 58 年，周原一带出上了尸臣鼎。此后两千年间，眉县、凤翔、岐山、扶风、大荔、永寿、蓝田、绥德、清涧等地都有青铜器出土。著名的大盂鼎、毛公鼎、大克鼎、散氏盘、虢季子白盘等，都出自陕西。中华人民共和国成立后，陕西各地又陆续出土商周青铜器数万件。发现青铜器的地点，达四十多个市、县（图 1-6、图 1-7）。

图1-6　伯邦父鬲　西周厉王　　　　　　图1-7　兽面纹盘　西周晚期

　　陕西青铜艺术辉煌灿烂，流行于新石器时代晚期至秦汉，以商周器物最为精美。最初出现的是小型工具或饰物，早期的青铜器装饰花纹，反映了人们纯朴的审美意识。夏代始有青铜容器和兵器。商中期，青铜器品种已很丰富，并出现铭文和精细花纹。商晚期至西周早期，是青铜器发展的鼎盛时期，器型多种多样，浑厚凝重，铭文逐渐加长，花纹繁缛富丽，以其独特的造型、纹饰、铭文及精巧的制作工艺流传后世，创造出光辉灿烂的青铜文化。随后，青铜器的胎体开始变薄，纹饰趋向简化。春秋晚期至战国，由于铁器的推广使用，铜工具越来越少。秦汉以后，随着漆器、瓷器等器物进入日常生活，铜容器品种日益减少，装饰简单，多为素面，胎体也更为轻薄。从艺术角度看，中国古代青铜工艺的突出成就，是丰富多样的造型和纹饰，以及不同历史时期不同的艺术风格。[①] 正如张光直先生所说：“政治、宗教与艺术的紧密结合在古世界是一个普遍现象，而在中国，这种结合就集中体现在青铜器纹饰上。”陕西青铜器虽然只经历了一千六百多年的繁荣，但其纹饰所蕴藏的政治历史文化精魄博大精深，至今仍吸引着无数专家学者孜孜不倦地潜心研探（图1-8～图1-11）。[②]

　　基于上述认识，本书所指的“陕西青铜文化”，意指陕西地区出土的青铜器的纹饰类型、造型工艺、装饰手法、制作技术、文化内涵等方面的内容。陕西青铜器发现数量相当多，种类也很复杂，难以述及，但许多学者都认为，青

①　刘志翼. 小议中国当代雕塑对中国青铜纹饰的继承 [J]. 华商，2007，（30）：81-82.
②　刘昕，刘子建. 商周青铜纹饰对现代产品设计的借鉴价值 [J]. 电影评介，2011，（2）：81-82.

图1-8　角（一）夏代　　　　　　　　图1-9　角（二）夏代

图1-10　斝　夏代晚期　　　　　　　图1-11　盉　夏代晚期

铜礼器中的容器类是商周时期的政治、经济、文化的载体，最具典型性。因此，本书也选择最有代表性的陕西青铜容器类作为研究对象，从时间轴上看，主要指商周青铜器，包括从滥筋期一直到东周时期被赋予新含义的青铜制

品。本书所选青铜器主要来自
考古发掘出土并经正式发表的
资料，也采用了个别传世的青
铜器资料，时间上以商周二代
为脉络，通过对青铜器造型、
装饰题材、装饰工艺及其表现

图 1-12　夔纹盘　商代中期

形式等方面的系统疏理，揭示陕西青铜文化的内涵，并与当代艺术加以对照，
力求找到当代艺术中青铜文化的设计元素（图 1-12）。

第二节　研究背景与现状

陕西地区的夏商周三代青铜器以其庄重典雅的造型、繁缛富丽的纹饰、神
秘玄奥的内涵而闻名于世，形成了富有时代特征的青铜器艺术。[①]"直至今日，
还被全世界的艺术家认为是古代东方艺术的精髓。它在世界艺术史上的地位，
当不在古代希腊之下。"[②]不仅如此，青铜器的研究，在一定意义上讲，实际上就
是对夏、商、周历史的研究，包括社会方方面面。[③]郭宝钧先生在 20 世纪 60 年
代就提出："我们可以看到的这些青铜器……而当时的风俗好尚、意识形态、工
艺水平、文化进程也蕴含其中。"[④]马承源先生进一步明确提出："作为一种艺术形
态，商周青铜工艺还是指示中国古代社会文明的一种尺度。"[⑤]近年来，"夏商周断
代工程"和"探源工程"的相继开展为商周青铜器的研究营造了新氛围，这一项

---

① 王斐.青铜器纹饰之美——以安徽枞阳出土青铜方彝为例［J］.阜阳师范学院学报（社会
科学版），2014，（9）：130-132.
② 翦伯赞.先秦史［M］.北京：北京大学出版社，2001：204-205.
③ 赵文治.商代青铜器主要动物纹饰地位的演变及其原因探析［D］.西北师范大学硕士学位
论文，2014.
④ 郭宝钧.商周青铜器群综合研究［M］.北京：文物出版社，1981：1.
⑤ 马承源.商周青铜器纹饰综述［A］//马承源.中国青铜器研究［C］.上海：上海古籍出版
社，2002：355.

目引起众多学者的广泛关注和深入研究，取得了可喜成果，相关研究涉及政治、经济、科技、宗教、文化艺术等众多领域（图 1-13～图 1-15）。

图 1-13　爵　夏代

图 1-14　夔纹鬲　商代中期

图 1-15　夔纹鼎　商代早期

陕西地区青铜器的纹饰是 20 世纪初以来青铜器研究的热点之一，中外学者对青铜纹饰的内涵和意义提出了不同看法。西方一些学者，如出生在德国，曾任哈佛大学艺术系教授的世界知名中国艺术史学者罗越（Max Loehr，1903～1988年）等，曾认为这些纹饰纯属装饰①，但大多数学者并不赞同，他们认为中国古代青铜器的纹饰并不仅是一种纯粹的装饰艺术，它蕴含着丰富的时代内涵，正如《左传·成公二年》云："器以藏礼"，所以多数学者都对青铜器背后所蕴藏的深刻内涵产生了较大的兴趣，倾毕生心力而为之，为青铜器的研究作出了较大贡献。但是，商周青铜器的神秘内

---

① ［美］艾兰 S.龟之谜——商代神话、祭祀、艺术和宇宙观研究［M］.汪涛译.成都：四川人民出版社，1992：143.

涵并不是对一种或几种图案的解释所能阐释的，正如张光直先生所说："对商周青铜器上动物纹样的任何一种解释，都必须对上述全部（即青铜器上所有的动物纹样）而不是几个特征做出说明。"①然而，要想解释它的全部特征，并不是一件容易的事。我们认为，要想理解这些纹饰的真正含义，对它的装饰艺术的系统研究也是必不可少的。马承源先生就认为："全面研究青铜器的艺术装饰，应该是一件很有意义的工作。"②朱凤瀚先生也曾指出："商周青铜器纹饰不仅有艺术价值，而且也是可借以了解古代社会意识形态不可忽视的实物资料。"的确如此，青铜器的装饰艺术是青铜器研究一个重要的基础性的工作，是对商周美术史研究的重要填补，诸多项目都是在此基础上展开的。

陕西是我国文明发祥地之一，创造了灿烂的古代文化，是研究中华青铜文化极其重要的地域。这里人杰地灵，古迹遍布。陕南、陕北、关中地区的青铜器各具特色、种类繁多、博大精深，它们既具有中华文化的共性，又带有鲜明的地方特色，更蕴涵了传统民族精神，同时，还展现了传统文化的丰厚底蕴和独特魅力（图 1-16、图 1-17）。

图 1-16 兽面纹壶 商代中期

图 1-17 兽面纹壶细部 商代中期

① ［美］张光直.美术、神话与祭祀［M］.沈阳：辽宁教育出版社，2002：43.

② 马承源.商周青铜器纹饰综述［A］//马承源.中国青铜器研究［C］.上海：上海古籍出版社，2002：356.

　　陕西青铜文化是中国青铜时代文明承传的物质与精神总和，代表商周文明的最高峰。陕西青铜器中有大量艺术珍品，是中华民族艺术的典范，也是人类文化宝藏的重要组成部分。目前，对陕西地域历史文化的研究是国内外学术领域的研究热点。现在，学者或从青铜器纹饰的概述上，或从个别纹样的角度，对青铜器装饰艺术作了深入研究，并取得了显著成绩。①的确，商周青铜器上的纹样是青铜器装饰艺术最为重要的部分，诚如一些学者指出的，这些纹样"布置严谨，意匠奇妙，虽是一种装饰艺术，但和器的形制是一致的，可表现一个时代工艺美术的特征，也反映了当时人们的观念形态，可见纹饰在青铜器上占着很重要的地位"②。对于这样一种青铜器装饰艺术，不能仅仅局限于纹样的研究（图1-18）。③

图1-18　亘鬲　商代中期

　　陕西青铜器，尤其是其中的装饰艺术，作为商周文化的载体，历来受学者重视，就目前资料显示，青铜器研究从先秦时期就已开始，而对于青铜器装饰艺术的研究，④也是伴随着青铜器研究的不断深入而不断有新进展，可以分为以下几个方面。

一、宋以前古代文献记载

　　早期涉及青铜装饰艺术的研究主要是对个别图案纹饰的记载，最早见于先秦时期的文献，主要有《左传》《韩非子》《吕氏春秋》等。

① 赵文治.商代青铜器主要动物纹饰地位的演变及其原因探析［D］.西北师范大学硕士学位论文，2014.
② 容庚，张维持.殷周青铜器通论［M］.北京：北京文物出版社，1984：102.
③ 王斐.青铜器纹饰之美——以安徽枞阳出土青铜方彝为例［J］.阜阳师范学院学报（社会科学版），2014，（9）：130-132.
④ 蒋雯.试论湖南商周青铜器的艺术特征与美学价值［D］.湖南师范大学硕士学位论文，2014.

《左传·宣公三年》中王孙满回答楚庄王的一段话："在德不在鼎。昔夏之方有德也，远方图物，贡金九牧，铸鼎象物，百物而为之备，使民知神奸。故民入川泽山林，不逢不若，魑魅魍魉，莫能逢之，用能协于上下，以承天休。"

从这段话中，我们可以了解商周青铜器纹饰要"象物"，而且"百物而为之备，使民知神奸"，杜预注："图鬼神百物之形，使民逆备之。"可见商周青铜器上装饰图案之复杂，且这种装饰纹饰具有保护社会、"协上下"、"承天休"的功能。

两汉到宋初，青铜器在文献中仍有不少记载，如《汉书》[①]、《说文解字》[②]、魏晋时《梁书》[③]等。但涉及装饰艺术的，较为少见，仅个别文献偶尔提及一些装饰纹样的题材内容（图 1-19～图 1-21）。

图 1-19　独角爵（一）商代中期　　图 1-20　独角爵（二）商代中期

---

① 《汉书》曾记载汉武帝时曾"得宝鼎后土祠旁"。
② 《说文解字》序："郡国往往于山川得鼎彝，其铭即前代之古文。"
③ 《梁书》卷五记刘杳之言："……古者樽彝，皆刻木为鸟兽，凿顶及背，以出内酒。顷魏世鲁郡地中得齐大夫子尾送女器，有牺樽作牺牛形……形亦为牛象。二处皆古之遗器，知非虚也。"

《史记》卷四三有关于龙纹的记载："十八年，秦武王与孟说举龙文赤鼎，绝膑而死。"《艺文类聚》卷第六十一记班固《西都赋·宝鼎诗》中也有关于龙纹的记载："岳修贡兮川效珍。吐金景兮歊浮云。宝鼎见兮色纷缊。焕其炳兮被龙文。"在这两书中对青铜器装饰图案之龙纹有少量记载，说明汉代对青铜器装饰图案中的龙纹有所认识。

图 1-21　墙爵　西周恭王

　　唐代韦应物《信州录事参军常曾古鼎歌》中有"江南铸器多铸银，罢官无物唯古鼎。雕螭刻篆相错盘，地中岁久青苔寒"等诗句，从中可以约略了解，诗人应该对"蟠螭"纹样有了一定认识（图 1-22、图 1-23）。

图 1-22　兽面纹瓿　商代中期　　　　　　　图 1-23　波纹鼎　商代中期

　　据典籍记载，东汉郑玄为《周礼》《仪礼》《礼记》作注著《三礼图》，其中有青铜器装饰图案的重要资料，惜已失佚。五代周世宗令聂崇义集诸家旧说校订而成《新定三礼图》，保留了一些较有价值的青铜器纹饰资料。

　　总的看来，在宋代以前，青铜器研究仅限于个别文献对个别装饰纹样的记载，间或述及其功能，既零碎又少创见。

二、宋、清金石学者的启蒙性研究

北宋立国后，内忧外患、积贫积弱，但统治者采取了"守内虚外"的策略，重用文臣，转武功为文治，提倡经学，以复礼制；重视发展学术文艺，上行下效，蔚然成风；宋代商业、手工业、服务业繁荣，出现了大批富裕的地主士绅，他们对日常生活也追求一种精雅的玩味，所有这些在一定程度上促进了金石学的兴起，青铜器的研究才真正开始。[①] 金石学主要偏重于著录和文字考证，如吕大临《考古图》所言"探其制作之原，以补经传之阙亡，正诸儒之谬误"，所以宋代青铜器的研究多用于"证经补史"，如薛尚功《历代钟鼎彝器款识法帖》、王俅《啸堂集古录》、王厚之《钟鼎款识》、赵明诚《金石录》、吕大临《考古图》、王黼《宣和博古图》等。其中一些学者对青铜器装饰图案的命名、分类及内涵等作了相关探索，可以作为青铜器的启蒙研究（图1-24、图1-25）。[②]

图1-24 兽面纹鼎（一） 商代早期　　图1-25 兽面纹鼎（二） 商代早期

[①] 朱凤瀚先生认为"真正可以称为青铜研究的学问，是从宋代才开始的"，参见朱凤瀚. 古代中国青铜器 [M].天津：南开大学出版社，1995：24.

[②] 赵文治. 商代青铜器主要动物纹饰地位的演变及其原因探析 [D].西北师范大学硕士学位论文，2014.

　　宋人吕大临著《考古图》十卷，卷首自序作于北宋元祐七年（1092 年），但据考证成书当在十年后，是中国第一部有关青铜器学的学术著作。[①] 所收之器选自秘阁、太常、内藏，以及私人收藏共 37 家。收录青铜器 211 件，其中商周青铜器 148 件。按器物用途分类，每器摹刻图像，有铭文者摹刻铭文，并附一篇说明，记录器物尺寸、重量、容量、出土地和收藏者。其对青铜器装饰的研究的最大贡献有两方面：一是结合纹饰的形象对青铜器纹样命名，书中记述的青铜器纹饰名有饕餮、云气、牛首、兽首、螭、龟、象、虎首、龙等，并根据青铜器纹饰来命名青铜器，如云鼎、牛鼎、象尊、虎彝等，自此学者对青铜器的装饰纹样开始重视，有铭文即以铭文命名，无铭文则以主要纹饰命名，兼顾器形特征，为后世通行的青铜器命名法。二是该书视纹饰为青铜器的有机组成部分，描摹器形时同时摹绘器上纹饰，亦成为后世青铜器著录的通例（图 1-26、图 1-27）。

图 1-26　兽面纹扁足鼎　商代早期　　　　图 1-27　四鸟扁足方鼎　西周晚期

　　宋人王黼《宣和博古图》三十卷，宋徽宗敕撰。大观初年开始编撰，成书于宣和五年（1123 年）之后。收录当时皇室在宣和殿所藏，自商至唐青

---

① 容庚.宋代吉金书籍述评［J］.学术研究，1963，（6）：81-97.

铜器839件。按器形分为20类，每类有总说明，每器有图像，并摹写铭文，附文字说明，记尺寸、容量、重量，以及铭文考释，集当时流传和出土青铜器之大成。此书对青铜器纹饰更为重视，指出了一些象生性动物纹的装饰意味，如"牛鼎、羊鼎、豕鼎，又各取其象而饰焉"。另外对装饰纹样的含义研究尤为重视，如"象饕餮以戒其贪……作云雷以象泽物之功，著夔龙以象不测之变""以蟠螭为之饰，亦以示其不可妄动之意""蝉又取其趋高洁而不沉于卑秽""山以取其仁之静，花以取其礼之文"。此外继承并发展了吕大临《考古图》的纹饰研究成果，新命名夔龙纹、麟纹、蟠虺、蛇虺、蟠夔、旋纹、垂花等纹样，又将螭纹分为蟠螭、蛟螭、立螭；雷纹之中分出细雷纹等。

这两部著作在青铜器装饰纹样的命名、分类和内涵上用功颇多，且最有成效，为后世青铜器研究拓宽了思路。但由于其"证经补史"的主要目的的局限性，决定了青铜器研究还不能成为一个独立的研究领域（图1-28、图1-29）。

　　图1-28　弭叔师簋　西周晚期

　　图1-29　散伯簋　西周晚期

元、明两代，在青铜器研究方面用力不多，仅有个别学者对青铜器的形制、铭文作了少量著录[①]，至于青铜器装饰艺术，则既无关注，更谈不上研究。

---

① 元代著录有：杨鉤《增广钟鼎篆韵》、潘昂霄《金石例》、梁有《文海英渊》；明代著录有：曹昭《格古要论》、郭宗昌《金石史》等。

时至清代，清政府为禁锢思想，大兴"文字狱"，推崇"朴学"，考据之学盛行，大部分学者"以考证古器铭文为学术之最"[①]，如顾炎武《金石文字记》、梁诗正《西清古鉴》、阮元《积古斋钟鼎彝器款识》、吴荣光《筠清馆金文》、钱坫《十六长乐堂古器款识考》、吴云《两罍轩彝器图释》、潘祖荫《攀古楼彝器款识》、端方《陶斋吉金录》等。其中涉及青铜器的仍以对纹样的描绘为主，《西清古鉴》中记有盘云、云龙、垂云、云螭等纹饰名称，钱坫和吴云均对器物装饰的主要纹样作了摹绘（图1-30、图1-31）。

图1-30　它盘　西周晚期　　　　图1-31　鲁司徒仲齐盘　西周晚期

三、现代考古学者的开创性研究

辛亥革命后，西方近代考古学思想的引入，中国青铜器群的不断发现、田野考古的不断探索，王国维先生"二重证据法"的提出，促进了中国现代考古学的诞生，为全方位、多层次研究古代青铜器奠定了坚实的基础，学者们相继对青铜器作出了深入、系统性研究。在陕西出土的青铜器装饰艺术方面，学者们结合青铜器的断代分期，对装饰纹样和工艺作了开创性研究，另有部分学者对某些纹样作了深入分析。这些研究成果可分为两大类，即综合性研究和专题研究（图1-32、图1-33）。[②]

---

① 朱凤瀚. 古代中国青铜器［M］. 天津：南开大学出版社，1995：29.
② 蒋雯. 试论湖南商周青铜器的艺术特征与美学价值［D］. 湖南师范大学硕士学位论文，2014.

图 1-32　兽面纹三足壶　商代中期

图 1-33　鲁仲齐甗　西周晚期

1. 综合性研究

20 世纪 20 年代开始，一些学者开始对青铜器纹样作综合性考察，随着陕西地区出土青铜器资料的不断增多，这些研究逐渐走向深入、全面，其中，成绩较为突出的学者主要有罗振玉、王国维、郭沫若、容庚、陈梦家、李济、郭宝钧、马承源、朱凤瀚等，分述如下。

罗振玉先生和王国维先生是近代最早研究青铜器的学者。罗振玉先生收集了殷墟等地出土的铜器，相继编印了《殷墟古器物图录》（1916 年）、《梦郭草堂吉金图》（1917 年）、《梦郭草堂吉金图续编》（1918 年）、《贞松堂吉金图》（1935 年）等书，其中，于 1919 年提出"古器物学"这一新概念，对商周青铜器研究的发展有推进作用[1]。王国维先生的最大贡献是提出了"二重证据法"的治史方法，其在青铜器研究方面也有贡献，著有《古礼器说略》，订正了斝、盉、觥、彝等几种器物的名称（图 1-34、图 1-35）。[2]

---

[1]　王世民.商周铜器考古学研究的回顾与展望［A］//北京大学考古文博学院等.温故知新——面向中国考古学的未来［C］.北京：北京大学考古学院，2002：161.

[2]　王国维.王国维遗书（影印本）［M］.北京：商务印书馆，1940：176.

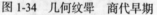

图1-34 几何纹斝 商代早期　　图1-35 带盖豆 春秋晚期

　　郭沫若先生是较早认识到装饰纹样对青铜器断代分期有重要意义的学者。在其创立的"标准器断代法"中，"器物之花纹形式"就对青铜器断代起到了重要的参验作用。[1] 其在《毛公鼎之年代》中指出："大凡一时代之器物必有一时代之花纹与形式……故花纹形式在决定器物之时代上占有极重要之位置，其可依据，有时过于铭文……"[2]，正是有了这样的认识，他在《两周金文辞大系图编序说——彝器形象学试探》中把青铜器纹饰作为重要研究对象并首次对古代青铜器作出了较系统的分期研究。在其划分的中国青铜器发展的四大期中，对勃古期、开放期、新式期的纹饰特征及其演变作了概说，并结合文献考证了部分纹饰的源流。例如，在论及开放期的饕餮纹的特征时，他认为："饕餮失去权威，多缩小而降低于附庸部位"[3]，这样仔细地观察致使其结论至今看来还相当科学（图1-36、图1-37）。[1]

①　赵文治. 商代青铜器主要动物纹饰地位的演变及其原因探析［D］. 西北师范大学硕士学位论文，2014.

②　郭沫若. 金文丛考（改编本）［M］. 北京：人民出版社，1952：306.

③　郭沫若. 两周金文辞大系图编序说——彝器形象学试探［M］. 北京：科学出版社，1958：78.

图 1-36　乳丁纹簋　商代中期

图 1-37　棱纹盨　西周晚期

容庚先生是研究青铜器装饰艺术的学者中最为卓越、成果最丰、影响最广的学者。其先后著有《宝蕴楼彝器图录》《武英殿彝器图录》《颂斋吉金图录》《善斋彝器图录》《商周彝器通考》《殷周青铜器通论》（合著）等书。其在《颂斋吉金图录》（1933 年）中著录了商周 28 件青铜器的尺寸、纹饰、铭文和出处，大多附有纹样拓本[①]，是青铜器著录书中首次重视装饰纹样研究的学者，提高了青铜器装饰纹样在青铜器相关研究中的地位。在此基础上，其又著成一部划时代的青铜器巨著《商周彝器通考》[②]，全书分上、下编，上编十五章，下编四章。这是我国首部最为全面系统地研究青铜器的著作，首次系统地阐述了青铜器形制和纹饰的各种类别及其时代特征。[③]在上编的第六、七章，其分别对青铜器的纹样和铸造工艺进行了研究探索，在前人研究的基础上，对所见青铜器纹饰作了系统整理和重新分类（划分为 77 种、170 状），为以后学者所继承，真正确立了装饰纹样在青铜器研究中的独特地位。[④]还应特别指出的是容庚先生具有不断探

---

① 梁丹.论先秦青铜器装饰艺术的美学思想［D］.广东工业大学硕士学位论文，2015.

② 容庚.商周彝器通考［M］.北京：北平哈佛燕京学社，1941：131.

③ 赵文治.商代青铜器主要动物纹饰地位的演变及其原因探析［D］.西北师范大学硕士学位论文，2014.

④ 曹巧一.从体觉经验的角度再看商周青铜器及漆器的纹饰与色彩［D］.武汉理工大学硕士学位论文，2013.

索的精神，其后又和张维持先生合著《殷周青铜器通论》[①]，在对青铜器纹样不断认识的基础上，对原来的纹样分类进行了科学的修订。作者将原来的纹样重新分为三类，即几何形、动物和叙事画类纹样，然后再进一步细分，比前书似乎更为科学合理（图1-38、图1-39）。

　　图1-38　目纹斝　商代中期　　　　图1-39　镂空雷纹觚　商代中期

陈梦家先生是较早接触流散欧美的中国铜器的学者，于1940年发表《中国铜器概述》一文，将商周铜器作更细的分期，并尝试进行文化系统探讨，其中也对青铜器纹饰作了研究。其又于1945年发表《中国青铜器的形制》，对其收集的250多件青铜卤的造型进行了类型学分析。中华人民共和国成立后，其又发表《西周铜器断代》（《考古学报》1955年9、10册，1956年1～4期），发展了郭沫若先生的标准器断代法，对一些器物的造型和纹饰作了深入分析。[②]

李济先生在长期从事安阳殷墟考古发掘的过程中，对青铜器的装饰艺术的纹样和装饰工艺，以及青铜器的造型等方面作了综合性研究。[③] 其在《安阳遗址

① 容庚，张维持.殷周青铜器通论［M］.北京：北京文物出版社，1984：92.
② 赵文治.商代青铜器主要动物纹饰地位的演变及其原因探析［D］.西北师范大学硕士学位论文，2014.
③ 蒋雯.试论湖南商周青铜器的艺术特征与美学价值［D］.湖南师范大学硕士学位论文，2014.

出土之狩猎卜辞、动物遗骸与装饰纹样》①中对动物装饰纹样的来源作了中肯分析，指出"商代装饰艺术家所使用的动物纹样之中……其大多数都原来有一个土生的和与自然界有关的基础"。其在1962年发表的《殷商时代装饰艺术研究之一：比较觚形器的花纹所引起的几个问题》一文中，对商代青铜器纹饰的制造方法、工艺演进等作了探讨，将殷墟青铜器纹饰制作方法分为刻画范纹、刻画模纹、模范合作纹、堆雕模纹、浮雕模纹和深刻模纹六类，是所见有关青铜器装饰工艺研究最为深入的学者。李济先生首次提出以"式""型"来划分纹饰类型，与现在考古界通用的型、式概念相一致。其又从分布规律上对青铜器装饰纹饰的设计和安排作了探讨，指出不同种类的器物的装饰花纹的不同，并进一步指出殷商时代青铜器装饰艺术（三类纹饰）的渊源（图1-40、图1-41）。

图1-40 刖人守门鬲 西周中期

图1-41 元年师簋 西周中期

郭宝钧先生对青铜器的装饰纹样也极为关注，在其《商周铜器群综合研究》一书中有深刻体现。其根据考古发掘出土资料，采用"分群界标法"，选取典型单位，以年代明确的几组为界标，进行分期研究，最后特别注重探讨了各个阶

---

① 李济.安阳遗址出土之狩猎卜辞、动物遗骸与装饰纹样［J］.考古人类学刊，1957，（9）：10-17.

段铸铜工艺、器物形制和花纹风尚的演变。

马承源先生是 20 世纪后半叶以来长期致力于青铜器装饰艺术的研究，并有独到见解的学者，正是因为他认识到"商周青铜器的艺术装饰，是当时社会意识形态的一种表现，具体地而不是一般地探讨这种艺术的特定形式及其存在的社会意义，是一件必要的工作"。①其在《漫谈中国青铜器上的画像》②中首次对青铜器画像类装饰艺术的构图风格、画像手法作了分析，指出它对于中国绘画艺术的重要意义。在《商周时代火的图像及有关问题的探讨》③一文中对圆涡纹提出了自己的见解，认为"圆涡纹是火与太阳的图像"，结合金文和甲骨文进一步指出这反映了古代对火神崇拜和太阳崇拜的风俗。这是现代学者对古代青铜器装饰纹样的深刻内涵的首次剖析，代表着对青铜器纹饰研究的一种趋向。在《商代青铜器纹样属性溯源》中④，其对青铜器纹饰中的"饕餮纹"命名提出异议，认为这是"无法概括纹饰具体内容的一个不确定性的符号性名词"，我们认为的确如此。其又在文中首先提出纹样的配置问题，这又为青铜器装饰艺术研究开拓了新领域，是以往学者所不曾注意的。《商周青铜器纹饰综述》⑤是其对青铜器装饰纹样所作的总体研究，该文将青铜器纹饰分为兽面纹类、龙纹类、凤鸟纹类、动物纹类、火纹类、目纹类、兽体变形纹类、几何变形纹类、半人半兽纹类和人物画像类等10余类⑥，结合文献、甲骨文、金文对每种纹饰进行了系统研究，对它们的含义作了不同程度的探讨（图1-42）。⑦

---

① 马承源.商周时代火的图像及有关问题的探讨［A］// 马承源.中国青铜器研究［C］.上海：上海古籍出版社，2002：413.
② 马承源.漫谈战国青铜器上的画像［J］.文物，1961，（10）：26-28.
③ 马承源.中国青铜器研究［M］.上海：上海古籍出版社，2002：413-428.
④ 马承源.商代青铜器纹样属性溯源［J］.上海博物馆集刊，2002，（9）：29.
⑤ 上海博物馆青铜器研究组编.商周青铜器纹饰综述［A］// 马承源.中国青铜器研究［C］.上海：上海古籍出版社，2002：395-355.
⑥ 王斐.青铜器纹饰之美——以安徽枞阳出土青铜方彝为例［J］.阜阳师范学院学报（社会科学版），2014，（9）：130-132.
⑦ 蒋雯.试论湖南商周青铜器的艺术特征与美学价值［D］.湖南师范大学硕士学位论文，2014.

朱凤瀚先生的《古代中国青铜器》（南开大学出版社 1995 年）一书，汲取前人研究经验和成果，是青铜器研究的集大成之作，在青铜器装饰纹饰研究方面，进一步完善了纹饰研究的范围。其也将青铜器纹饰专辟一章进行探讨，对青铜器纹饰研究的

图 1-42　长柄杯　西周中期

意义、概况、纹饰的定名、分类、内涵的变迁和艺术特征作了探讨。在分类上，继承、糅合了容庚先生和李济先生的传统，先将纹饰分为三大类：动物类、几何纹类和人物画像类，后又分"型""式"，划分细密。在对纹饰的艺术特征的研究上，其吸收马承源先生的方法，从纹样的组织形式、纹样与器物造型的关系、表现手法，以及人物画像纹的特点等方面作了相当系统的分析研究。

张懋镕先生的《古文字与青铜器论集》，自 2002 年起来，已先后出版四辑，研究中国古代青铜器及其铭文，钩沉青铜器文字研究史，并对研究史进行条理化分析，进而深入讨论商周历史文化特点，不啻为在大理论框架中的具体之微。除上述学者外，其他许多学者在研究青铜器时也都注意到了对装饰纹饰的分析。胡光炜、曾昭燏在《古文字变迁论》中主张铜器和纹饰并重的综合研究。[1] 朱剑心在《金石学》中指出青铜器纹饰对认识审美观念的重要性，将青铜器纹饰分为普通纹饰和特别纹饰两类。[2] 邹衡先生在《试论殷墟文化分期》中也注意到纹饰对分期的意义，把花纹、器类组合和器物的形制作为分期标准。[3] 高明先生则对青铜器纹饰的演变、组合关系作了研究。[4] 杜迺松先后著《中国

① 朱凤瀚.古代中国青铜器［M］.天津：南开大学出版社，1995：39.

② 朱剑心.金石学［M］.北京：文物出版社，1981：99-100.

③ 邹衡.夏商周考古学论文集［M］.北京：文物出版社，1980：68.

④ 高明.中原地区东周时代青铜礼器研究（下）［J］.考古与文物，1981，（4）：55-58.

图 1-43　龙虎纹尊　商代中期

古代青铜器小词典》（文物出版社 1980 年）、《中国古代青铜器简说》（书目文献出版社 1984 年）等有关青铜器的通俗读物，对青铜器的纹饰名称加以解说，并指出每种纹饰的流行时代（图 1-43）。

此外，随着考古发掘的进行，陕西青铜器出土数量的增加，出版了一批青铜器图录性质的书籍，如陕西省考古研究所等编著《陕西出土商周青铜器》（一～四）（文物出版社 1979 ～ 1984 年）、上海博物馆青铜器研究组编《商周青铜器纹饰》（文物出版社 1980 年）、中国青铜器全集编辑委员会编著《中国青铜器全集》（1 ～ 11）（文物出版社 1996 ～ 1998 年）、陈振裕主编《中国古代青铜器造型纹饰》（湖北美术出版社 2001 年）、李建伟和牛瑞红主编《中国青铜器图录》（中国商业出版社 2000 年）等，这些书均特别着重对器物装饰纹样的描绘，为研究青铜器装饰艺术提供了便利。[①]

2. 专题性研究

专题性研究主要指对某一装饰纹样所做出的深入研究。随着对青铜器纹饰的重要性认识的深入，目前参与这类研究的学者越来越多，但由于青铜器纹饰的复杂性，要真正弄清每种纹饰实属不易，需要相当长时期的积累和细致的分析研究，所以这方面的研究目前还不成熟，各家自有说法。较早做这方面工作的学者有丁山、陈梦家等。丁山先生在其《中国古代宗教与神话考》[②]中结合文献对涡纹和龙纹的配置提出了看法。陈梦家先生在 1955、1956 年连续著文《西

---

① 王宏. 商周青铜罍研究［D］.陕西师范大学硕士学位论文，2010.
② 丁山. 中国古代宗教与神话考（影印本）［M］.上海：上海文艺出版社，1988：77.

周铜器断代（二）》①和《西周铜器断代（五）》②，对凤鸟纹、顾龙纹的时代性特征
的研究把握极为准确。李学勤先生也著文对青铜器装饰纹样中的饕餮纹、凤鸟
纹作过分析。③夏商周断代工程之际，王世民、陈公柔、张长寿等先生合作发表
《西周青铜器上的窃曲纹》，对窃曲纹的概念、研究史、型式划分、演变源流及
共存纹饰等作了探讨，并分述其特征及时代（图1-44、图1-45）。④

图1-44 永盂 西周中期

图1-45 卫盉 西周恭王

近些年，一些考古学者对青铜器上的装饰纹样和纹饰的其他方面也作了研
究。高西省先生在《扶风出土的西周爬龙及研究》中，将商周龙类装饰纹样分
为双体共首龙、卷体龙、图案变体龙和爬龙四大类，并分述了各类的特征。⑤彭
裕商先生在《西周青铜器年代综合研究》中，在朱凤瀚先生研究基础上，又对
龙纹作了更详细的型式划分，附加对鳞纹作了型式的划分，并考察了其型式对

① 陈梦家. 西周铜器断代（二）[J]. 考古学报，1955，（1）：137-175+256-276，（2）：64-
   142+155-172.
② 陈梦家. 西周铜器断代（五）[J]. 考古学报，1956，（1）：65-114+156-171，（2）：85-
   94+164-173，（3）：105-127+157-172，（4）：85-131+144-151.
③ 李学勤. 论二里头文化的饕餮 [A] // 李学勤. 走出疑古时代 [C]. 沈阳：辽宁大学出版社，
   1994：90-93；李学勤. 西周中期青铜器的重要标尺 [J]. 中国历史博物馆馆刊，1979，
   （00）：29-36.
④ 王世民，陈公柔，张长寿. 西周青铜器分期断代研究 [M]. 北京：文物出版社，1999：182-193.
⑤ 高西省. 扶风出土的西周爬龙及研究 [J]. 文博，1993，（6）.

图1-46 兴盨 西周中期

应的年代。[1] 谭旦冏先生在《春秋铜器的新编年与龙纹的演变》中对商至战国龙纹的演变情况作了探讨。[2] 辛爱罡、汤淑君等分别对青铜器装饰纹样中的蝉纹作了分析研究（图1-46）。

从目前的学术动态看，这类研究方兴未艾，而且正在吸引更多的美术学者的参与。不难看出，我们现代的考古工作者对青铜器装饰纹饰的研究，主要基于为青铜器断代分期服务，我们认为这样的工作是基础性的，是必须做的，所有其他方面的研究建立在断代分期清楚的基础上才能展开讨论，所以，从这个意义上讲，这些研究都是开拓性、基础性的工作。

四、现代中外美术考古学者的新型研究

美术考古学主要研究古代文物的艺术发展水平、时代风格及其形成的社会原因和其对于社会的反作用等[3]，我们把从事这类学术研究的学者称为美术考古学者。伴随着考古学者的研究，一些现代中、外美术考古学者主要从不同方面对青铜器的装饰艺术作了分析研究，为青铜器装饰艺术研究注入了新鲜血液。

1. 中国美术考古学者的研究

中国美术考古学者对青铜器装饰艺术作了多方面研究，主要包括青铜器艺术的造型、纹饰题材、纹样的组合形式、装饰手法，也从纹饰的象征性内涵等工艺、美学和社会观念意识的角度方面作了研究。

岑家梧先生是较早注意青铜器装饰艺术风格变化的美术考古学者，其在

---

① 彭裕商.西周青铜器年代综合研究 [M].成都：巴蜀书社，2003：132.

② 谭旦冏.春秋铜器的新编年与龙纹的演变 [J].故宫季刊，1973，7（4）：72-76.

③ 刘凤君.美术考古学导论 [M].济南：山东大学出版社，2002：6.

《艺术考古学之进展》中认为殷周铜器装饰图案"形态均整，无甚变化""至春秋战国，风格突变，动物图案多作飞跃卷伏之状，渐进自然之描写，间或刻以车马狩猎图像……"，并对这些风格演变的原因提出了粗略认识，驳斥了"中国文化外来说"①。

刘敦愿先生在《美术考古与古代文明》中专设一章对青铜器装饰艺术与纹样母题进行分析研究，他根据文献记载并结合中、外民族学，民俗学材料，对青铜器纹饰的含义、功用及其所反映的社会意识

图1-47 夔纹钺 商代中期

进行了研究②，提出了一些新看法，如其认为"枭类题材艺术作品的特别丰富与优秀，与中国古代的宗教崇拜对于夜禽的重视有着密切的关系"等（图1-47）。③

美学大师李泽厚先生从美学的角度，对青铜器艺术功用提出了独到见解，提出"狞厉的美"的说法。在《美的历程》中对这种观点作了精彩的叙述，"它们呈现给你的感受是一种神秘的威力和狞厉的美。它们之所以具有威吓神秘的力量，不在于这些怪异动物形象本身有如何的威力，而在于以这些怪异形象为象征符号，指向了某种似乎是超世间的权威神力的观念……""超人的历史力量与原始宗教神秘观念的结合，也使青铜艺术散发着一种严重的命运气氛，加重了它的神秘狞厉的风格。"④ 其对春秋战国时期青铜器的艺术风格作了分析，"作为祭祀的青铜礼器也日益失去其神圣光彩的威吓力量""理性的、分析的、纤细的、人间的意兴趣味和时代风貌日益蔓延。"⑤

谢崇安先生在《商周艺术》中，结合古代文献，对青铜器多种装饰纹样的

① 刘凤君. 美术考古学导论［M］. 济南：山东大学出版社，2002：44.

② 闫婷婷. 西周时期中原地区青铜器鸟形装饰研究［D］. 陕西师范大学硕士学位论文，2012.

③ 刘敦愿. 美术考古与古代文明［M］. 台北：台北允晨文化实业股份有限公司，1994.

④ 李光安. 试论青铜器饕餮纹的狞厉美［J］. 殷都学刊，2001，（4）：35-37.

⑤ 李泽厚. 美的历程［M］. 天津：天津社会科学出版社，2001：57-64，72.

含义作了分析，尤其注重探讨商周时期的社会习俗，"商代青铜礼器的造型与装饰所体现出的雄奇瑰丽的风格，完全是依赖于艺术匠师对生活的熟悉和对自然的敏锐观察"。例如，在论及商代虎形装饰时，他认为"商人喜好田猎，尤其崇拜猛兽的勇力，所以他们也喜好在礼器上刻画虎的形象"[①]。

李福顺先生的《中国美术史》，从审美特征、装饰风格的变化方面，参考郭沫若先生的分期，对青铜器艺术的分期提出了看法。他认为"殷人以瑰丽（狞厉）为美，西周以朴素为美，春秋以新奇为美，战国以华巧为美"，将青铜艺术分为滥筋、鼎盛、开放、新式、衰变五期。他指出青铜器装饰的功用是"实用、审美、伦理观念的集合体""时代精神的集中体现"，进一步认为古代绘画、雕塑强调装饰性，都是受青铜器装饰艺术的影响。[②]

王朝闻先生总主编、李松先生主编《中国美术史·夏商周卷》，总结了多家认识成果。其在对商周青铜器艺术分期基础上，分析了各个时期审美的时代心理，对青铜器艺术的造型、纹饰题材内容与装饰手法，以及雕塑性装饰作了论述。[③] 之后李松又在《中国古代青铜器艺术》中，分上篇和中篇分别对商、两周的青铜器装饰艺术作了很有见地的分析，如在论及商代青铜器纹饰装饰意匠时指出："青铜器的装饰因素主要有线雕与线刻结合的图案花纹、立体的牺首，以及构成器物外轮廓的扉棱，都是充分发挥了铸造技艺之长而创造出来的青铜器艺术独特的表现语言"[④]，明确提出工艺技术对装饰内容的重要影响（图1-48）。

图1-48 兽面纹鼎 商代中期

① 谢崇安. 商周艺术 [M]. 成都：巴蜀书社，1997：132.
② 李福顺. 中国美术史 [M]. 沈阳：辽宁美术出版社，2000：97-110.
③ 王朝闻. 中国美术史. 夏商周卷 [M]. 济南：齐鲁书社，2000：233.
④ 李松，贺西林. 中国古代青铜器艺术 [M]. 西安：陕西人民美术出版社，2002：40.

　　此外，一些学者从装饰题材、纹样的图案构成、装饰手法及其艺术特征等方面分别对商周青铜器装饰艺术作了不同程度的探讨。龙宗鑫在《古代铜器上的纹饰结构》一文中对青铜器纹饰结构作了分析，他认为商周青铜器的花纹有单独模样、二方连续、四方连续和绘画式不规则纹样四种组合方式，分别流行于不同阶段。[①] 吴镇烽在《商周青铜器装饰艺术》中对青铜器装饰纹样的题材、装饰手法，艺术特征等方面作了简要分析。[②] 杨磊在《浅谈商代青铜器的花纹与装饰艺术》中对商代青铜器的装饰艺术作了简要分析。[③] 段勇博士则对商周青铜器上的幻想动物纹（即兽面纹、神鸟纹和夔龙纹）的形式类型学作了详细分析，在此基础上探讨了各种纹样的分期和分区，并对各种幻想动物纹的属性作了分析。[④] 杨善清[⑤] 对商代人们的审美意识作了分析总结，指出殷先民具有对称均衡、造型纹饰、具象空灵、阴阳和谐、神话怪诞美等12种审美意识（图1-49、图1-50）。[⑥]

图1-49　透雕波曲纹铺　西周中期

图1-50　变形云纹双鋬杯　西周中期偏晚

① 龙宗鑫. 古代铜器土的纹饰结构 [J]. 文物，1958，（11）：23-27.
② 吴镇烽. 商周青铜器装饰艺术 [J]. 考古与文物，1983，（5）：33-36.
③ 河南省文物考古学会. 河南文物考古论集 [M]. 郑州：河南人民出版社，1996：292-297.
④ 段勇. 商周青钢器上的幻想动物纹研究 [D]. 北京大学博士学位论文，2001.
⑤ 杨善清. 殷先民审美意识研究 [A] // 王宇信，宋镇豪，孟宪武. 2004年安阳殷商文明国际学术研讨会论文集 [C]. 北京：社会科学文献出版社，2004：344-353.
⑥ 闫婷婷. 西周时期中原地区青铜器鸟形装饰研究 [D]. 陕西师范大学硕士学位论文，2012.

2. 外国学者的研究 [①]

众所周知，由于历史原因，19世纪末到20世纪上半叶，我国青铜器大量流往国外，给我国的文化遗产造成了极大损失，但在客观上为国外学者的研究提供了便利，引起了一大批国外美术考古学者的兴趣，他们纷纷著文对中国青铜器艺术进行分析研究。

（1）日本学者的研究。

在历史上，中日文化交流甚为频繁，可能受中国金石学影响，从18世纪后半叶起，日本的一些团体和个人就开始收藏并著录中国古代青铜器，如著名的《小山林堂书画文房图录（八）·周汉之古铜器》（1848年）、住友家族的《泉屋清赏》（六册，1911～1916年）等，但日本学者对青铜器的系统研究从20世纪初才真正开始，对青铜器装饰艺术的认识也是由此起步的。

1919年，滨田耕作（はまだ こうさく，1881～1938年）在为《泉屋清赏》增订版彝器部所作的《总说》中提出判定青铜器时代的三个依据，其中之一是铜器的样式与纹饰，由此，日本学者开始重视纹饰对青铜器的断代意义。其后的日本学者，如水野清一、樋口隆康、林巳奈夫等学者均从青铜器断代角度对青铜器纹饰特征作过探讨。

在从青铜器断代角度对青铜器纹饰特征作出分析的同时，一些学者对青铜器装饰纹样作了专题性研究，其中成果较为丰富的是林巳奈夫（はやし みなお，1925～2006年）。从20世纪50年代起，他分别对商周青铜器上的龙纹、几何纹、凤鸟纹、饕餮纹（兽面纹）等多种纹样进行了系统分析研究，相继发表了《关于龙》（1952年）、《殷周青铜器上的龙》（1953年）、《殷周时代遗物上表现的鬼神形象》（1960年）、《殷周时代的几何纹样》（1963年）、《凤凰图像的谱系》（1966年）、《殷周时代的图像记号》（1968年）、《殷代中期以来的龟神》（1970

---

① 朱凤瀚.古代中国青铜器［M］.天津：南开大学出版社，1995：45-48；段勇.商周青铜器上的幻想动物纹研究［D］.北京大学博士学位论文，2001.

年）、《中国古代的兽面纹》（1976 年）、《殷、西周时代的六种野生动物纹样》
（1983 年）、《所谓饕餮纹表现的是什么》（1984 年）、《神奇的虎豹与人形的鬼神》
（1986 年）、《中国古代的鼻形和耳形象征图形》（1992 年）等论文。其专著《殷
周青铜器纹饰之研究》（1986 年）则为集大成之作。林巳奈夫对青铜器纹饰的研究，
既重视从类型学方面进行分析（如将饕餮纹按角形划分为 13 种），又强调对纹饰义
理的探讨，并注意纹饰的配置情况，将甲骨文、金文、古文献和考古实物资料相对

照进行综合研究，广征博引，辨析精微，常有
独到的见解。例如，在《所谓饕餮纹表现的是
什么》[①]一文中，其认为青铜器上的不同动物纹
存在从属关系，认为它们应是不同部族的象征，
在青铜器上的装饰位置反映了相应部族在当时
的社会地位，而青铜器上的饕餮纹是甲骨文和
金文中记载的"帝"的形象、凤鸟纹是"帝"
的"使"者，并推测其渊源可追溯至河姆渡文
化中日纹与鸟纹的组合图案（图 1-51）。

图 1-51 蔡侯簠 春秋晚期

此外，石田干之助、奥村伊九良等也对饕餮纹作了分析研究，其他的学者，
如松丸道雄、白川静、难波纯子等在研究青铜器时都很重视对青铜器纹饰的分
析。总体来看，目前，日本学者对青铜器装饰纹样的研究的用意有的是为青铜
器断代服务，更多的是探讨纹饰的含义。

（2）欧美学者的研究。

19 世纪末 20 世纪初中国青铜器的大量外流，致使研究中国青铜器的欧美
学者也逐渐增多。虽然存在文字释读的障碍与文化背景的差异，但美术是具有
世界性的，所以他们对青铜器的研究主要集中于青铜器的艺术表现力最强的部

---

① ［日］樋口隆康.中国考古学研究论文集［M］.蔡凤书译.西安：东方书店，1990：133-195.

分——装饰纹样，尤以探讨装饰纹样的象征意义为主，如亨齐的《中国古代鸟的象征主义》、沃特伯里的《早期中国符号及文献、遗迹及推测》、戴维森的《中国青铜器中的兽衔鸟纹饰》等。下面介绍对青铜器装饰艺术研究较为突出的欧美学者的主要成就（图 1-52、图 1-53）。

图 1-52　兽面纹壶　商代中期　　　　　图 1-53　斜角雷纹觚　商代中期

瑞典学者高本汉先生（Klas Bernhard Johannes Karlgren，1889～1978 年）是对中国青铜器纹饰研究最深入的学者之一，他主要从型式学角度对纹饰做研究。其在《中国青铜器的新研究》中，对殷至西周的青铜器纹饰从形式上作了分组，并探讨了它们之间的关系，分析了青铜器纹饰的时代变化。其后又著文《再论殷纹饰中的 A 与 B 式》《论中国早期青铜器的装饰法则》等，对青铜器纹饰作了深入研究。例如，在《论中国早期青铜器的装饰法则》中，通过对大量纹样的分类排比，系统分析了青铜器纹饰的型式演变规律，并对饕餮纹和龙纹的关系提出了看法，即认为它们是"同源的"。沃特伯里在《早期中国符号及文献、遗迹及推测》中对青铜器的多种装饰纹样的象征意义作了探讨，提出了一些值得关注的看法。他认为各种兽面纹均是虎的不同形象的展现，虎是商人的保护神；蛇是土地的象征；鱼象征五谷丰登；蝉是生命的延续；龟是商王与祖先交流的媒介；枭代表死神，是商王及其祖先的灵魂守护神，等等。沃氏的这些观点，是在中国古代文献、前人研究成果基础上，结合中国民俗学的资料而提出的，有一定的参考价值。

　　美籍华人张光直先生（Zhang Guangzhi，1931～2001年）对青铜器动物纹样作了深入地分析研究，提出了著名的"萨满通灵"说，其在《商周神话与美术中所见人与动物关系之演变》《濮阳三蹻与中国古代美术上的人兽母题》《中国古代的艺术与政治》等文中认为，商周青铜器上的动物纹饰起着沟通人、神两界的作用，张开的兽口在很多文化中都象征着通往另一个世界的通道。由此推断，商周青铜器纹饰中头置于兽口下的人应是巫师或萨满。[①]其后又在《商周青铜器上的动物纹样》[②]中明确指出："商周青铜器的动物纹样乃是助理巫觋通天地工作的各种动物在青铜彝器上的形象"，并对动物纹样的若干装饰特征作了分析（图1-54）。[③]

图1-54　带托盘鬲足鼎　西周中期

　　德国中国美术史研究专家罗越先生先后发表《中国青铜时代的礼器》和《商周青铜器纹饰含义质疑》，认为商代青铜器上的动物纹样是由几何形纹饰发展演变而来的，它们是一种纯粹的装饰形式，与现实世界没有明显关联，充其量只是含糊地影射现实，纹饰本身没有任何确切的含义，不具有任何宗教的或其他意识形态上的含义。[④]

① 黄厚明.良渚文化鸟人纹像的内涵和功能（下）[J].民族艺术，2005，（2）：38-44.
② ［美］张光直.中国青铜时代[M].北京：生活·读书·新知三联书店，1983：26.
③ 王斐.青铜器纹饰之美——以安徽枞阳出土青铜方彝为例[J].阜阳师范学院学报（社会科学版），2014，（9）：130-132.
④ ［德］罗越.中国青铜时代的礼器[J].考古与文物，1981，（2）：135-142.

　　美国学者艾兰女士（Sarah Allan）的《龟之谜——商代神话、祭祀、艺术和宇宙观研究》对商代青铜礼器的装饰纹样的含义作了探讨。她对罗越的观点提出了不同看法，认为商代的青铜艺术（即装饰纹样）是有含义的，"它们的装饰是用神灵世界的语言，通过它活人跟死人的界线就可以穿越了……这些纹饰的含义不在于这个世界，它表明生死之界的穿越"。然后围绕着这个普遍含义，对饕餮纹、龙纹、枭、蝉等纹样作了分析，指出商代青铜艺术的主题就是对死亡和演变的论释 ①，"商代青铜器纹饰母型最基本的内涵就是死亡、转化、黄泉下界的暗示。"（图 1-55、图 1-56）②

图 1-55　羊首勺　商代晚期

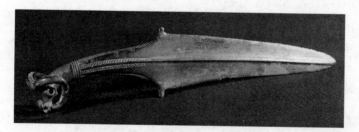

图 1-56　羊首曲柄短剑　商代晚期

① 梁丹，张洪亮.先秦青铜纹饰的美学思想［J］.艺术教育，2014，（12）：26-27.
② ［美］张光直.商周青铜器上的动物纹样［J］.考古与文物，1981，（2）：35-39；［美］艾兰 S.龟之谜——商代神话、祭祀、艺术和宇宙观研究［M］.汪涛译，成都：四川人民出版社，1992：144.

其他欧美学者也从不同方面对青铜器装饰艺术作了研究。查尔斯·约翰逊在《商代礼器上的动物面具与祖泉》中认为：商代青铜器上的兽面纹实际上代表萨满作法时所戴的面具，是协助萨满沟通人、神两界的工具。阿克曼和伯耶结合中国古代的阴阳观念，均认为青铜器上装饰的动物纹样分别代表阴或阳，甚至饕餮纹通常由左右两部分合成，也是象征阴阳相对。罗森在《晚商青铜器设计的意义和目的》中认为，青铜器纹饰的主要目的似乎首先是用于标识礼器，其次是区分器物的品类和系列。在特定的器类、器型中，不同的纹饰代表着器物主人的不同等级，中国古代青铜器上复杂的纹饰主题并不是某种特定的思维模式或信仰体系的产物。近年，杨晓能先后著文对青铜器纹饰与图形文字的渊源、含义功能作了分析，认为青铜纹饰的演变和图形文字的消失，是权力更迭、社会和宗教礼仪革命的反映。

欧美学者从不同的角度对青铜器装饰纹样提出了不同看法，虽然有些观点值得商榷，但毋庸置疑，他们的研究方法和成果也为我们审视这些神秘华丽的纹样提供了诸多启发，特别是在对青铜器装饰纹样与风格的细节考察和研究方面有很多值得借鉴的地方。

由上述内容可知，中、外美术考古学者在探讨青铜器的装饰纹样时，或从艺术史、美学的角度探讨其发展状况和规律，或从文化人类学角度探讨其蕴含的深刻内涵，相对于传统的为断代分期服务的研究，拓展了青铜器装饰纹样研究的领域，可谓对青铜器装饰艺术的新型研究。

总之，古今中外的学者，大都对青铜器装饰艺术倾注了大量精力、作了不同程度的分析、研究，这些工作对于我们探讨陕西青铜器装饰艺术及文化都起到极其重要的借鉴作用。目前，国内外对陕西青铜文化的探究仍然方兴未艾。青铜器研究，尤其是在学术领域成就的表现令人可喜（图1-57、图1-58）。

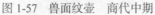

图 1-57　兽面纹壶　商代中期　　　　图 1-58　兽面纹盉　商代早期

　　然而，在青铜器研究已经逐步发展的今天，青铜器本身、青铜纹饰、青铜文字的历史文献价值已经逐渐被探求、剖析，对青铜文化的研究见诸众多媒体和论文，但仍相对缺乏对青铜装饰和当代艺术的历史考察，以及系统性的学理分析和研究。在传统青铜文化对当今艺术领域的作用及影响方面的研究，由于历史、文化、社会结构、审美取向等原因，至今尚未展开，绚丽多姿的陕西青铜文化还没有对我国当代设计发挥最大效应。而国外学者虽然对青铜文化对当今文化的辐射有一些分析，但对于文化的本质分析由于跨文化等原因涉足较少。系统地、完善深入地涉及陕西青铜文化和当今艺术应用研究更是空白，这不能不说是一大遗憾。身为陕西艺术院校的教师，深重的责任感和使命感，让我们迫不及待地将研究视野投入到这个极具现实意义和理论价值的科研领域。

第三节　研 究 意 义

　　青铜器是中华文化的重要组成部分，其特殊的设计理念是青铜器发展演化中最直观的动态过程，不仅受制作技法及观念制约，还折射时人追求实用与美观的人文愿景具有重要价值。青铜器不仅是生活用品，还是青铜时代的文化象征，兼具实用和审美双重价值，杨晓能在《另一种古史：青铜器纹饰、图形文字与图像铭文的解读》中指出："史前晚期至青铜时代早期是中国历史上一个非同寻常的时期，中国文明的精髓在阶段逐步形成，奠定了其向前发展的基础和导向。"①

陕西商周青铜文化是一条极具精神性和时代性的文脉遗续，它源深流长，朴拙奥义，跨时空维度，显精神境相，内藉先贤智光，外蕴时代精神，看似怪诞陆离，实则暗合主体认识与客观环境的相融统一，其图式整合先民与自然相处之"道"，贯穿中国图像艺术"宇宙观"意识始终，包含中国初始哲学观念和艺术思维，对应自然本体论与精神性意象的生成之源，对当代艺术设计实践有借鉴意义（图 1-59）。

图 1-59　菱形纹盂　西周中期

在主张重视历史、展望未来的文化语境里，选择商周青铜器为研究对象，不仅能从传统艺术视角和视觉艺术学角度进行专业性、视觉性的考古学探讨，通过对"可视"与"可述"的双重描述，对商周青铜器的传统价值与现代意义进行深入挖掘，还有利于在解析文化内涵的同时，把商周青铜器艺术纳入美学体系进行考察，探究其独特的艺术形式及美学价值，提升商周青铜文化的当代成果转化，既是考古学的梳理归类，又是设计学角度的总结。

此外，以往大多学者在断代分期的基础上，指出了不同时期青铜器装饰题材的阶段性特征，反过来，对于青铜器装饰风格的把握，对青铜器的断代

① ［美］杨晓能.另一种古史：青铜器纹饰、图形文字与图像铭文的解读［M］，唐际根，孙正冰译，北京：生活·读书·新知三联书店，2008：262.

分期也将起到重要的借鉴意义。马承源先生曾经指出："商周青铜器纹饰的研究工作，主要是尽可能准确地辨认其时代特征，作为鉴别相对年代的一种手段。"[①]因此，无论是从理论研究上还是从实践应用上，本书都具有一定现实意义（图1-60、图1-61）。

图1-60　兽目交连纹温鼎　西周中期　　　　图1-61　十五年曹鼎　西周恭王

一、理论意义

追忆历史，我们总结出，青铜器的发明是人类社会发展历史上划时代的标志，是与人们生活紧密相关的创造性活动，是人类改变天然物的一次伟大的创造性活动，也是人类发展史上最重要的发明成果之一。

陕西省是中国西部的重要省份，尤其是在文化方面，更是我国重要的历史文化基地。这里历史文化资源遗产丰富。其中青铜文化在中国历史发展过程中占有重要地位，对我国文化的发展起到巨大的启蒙与推动作用。

从传承背景上分析，我们发现，在中国青铜器发展最为辉煌的先秦时期，陕西的青铜艺术，在当时中国的大江南北大放异彩，为丰富中国青铜器、青铜

① 马承源.商周青铜器纹饰综述［A］//马承源.中国青铜器研究［C］.上海：上海古籍出版社，2002：355.

文化积淀了重要的财富资源。从造型意识上观察，我们所研究的青铜文化造型有着特殊的发展进程。先秦时期的青铜器性格映射出当时人们生活的细枝末节。从审美情趣上分析，人们已经发明和创造出许多不同种类的器型、生活用品以及许多视觉纹饰等。另外，还有很多我们仍未发现的文化内涵，以及我们正在总结出的个性审美因素的应用。总结以上，这些都将要在当代的艺术教育体系中去传承、研究及应用。因此，我们需要对其领域进行深入的研究、探索，总结出我们当今社会，以及未来生活中具有应用价值的创造性成果（图1-62、图1-63）。

图1-62　日己觥　西周中期

图1-63　丰卣　西周中期

另外，如何重视陕西青铜文化资源，如何寻求新的视角，如何培养具有青铜器艺术体系的现代艺术观与传统艺术观，并能同时运用其观念的能力，如何处理地域文化与西方文化相互之间的个性和共性研究问题，如何处理好青铜文化的历史、艺术价值与当今现实社会所赋予的商业价值的概念关系，这些都是值得我们思考与研究的重要项目。

二、实践意义

就研究方法而言，本书主要借助考古学、历史学、美术学等方法，以历史文献和图像资料为依据，将"二重证据法"和多元化方法论融入青铜器研究，通过形制及纹饰的梳理，力求使"文献典籍"与"实物材料"相合，"微观表象"及"宏观规律"相融，"历史意识"和"图像显现"相联。其中，注重多学科的借鉴融合，如民俗学、宗教学等学科的理论和方法，结合相关文献记载及神话传说、甲骨文、金文材料等进行综合分析，对陕西商周青铜器蕴藏的装饰特点、审美理念和文化内涵进行试探性揭示。与此同时，借助艺术学、社会学等研究方法，将个案分析与综合研究结合，尝试解读陕西商周青铜器的造型特征和装饰手法，揭示它的艺术特征，发掘它背后潜藏的美学内涵，进而剖析视觉图像表现规律的形成过程及嬗变过程，从而为新时期的艺术设计提供比较与借鉴（图1-64）。

图 1-64　兽面纹簋　商代中期

　　中国蕴涵着丰富的历史文化，这是一笔不可多得的文化财富，是现代设计表现中难能可贵的设计元素，是艺术表现灵感的原动力，也是构思、创作的源泉。艺术设计者不但要对我国本土文化有所了解，更要对自己身处地域的传统艺术文化有深刻的领悟，取其精华，得其精妙，将之深化于设计理念中，有责任创建具有地域特色又不失现代气息的优秀设计作品，进一步发展完善具有中国特色的设计。项目负责人和参与者从地处陕西地区艺术教育高等学府科研教育工作者自觉的责任和义务出发，将多年的研究积累进一步深化，营造文化史迹和艺术设计相得益彰的氛围与环境，将历史精华理论和艺术设计实践结合，将传统艺术的优秀传统与现代实用平面设计结合，体现传统与现代的融合，弘扬民族优秀文化，激发人们对陕西地区青铜文化和青铜艺术的热爱，促进传统文化和现代设计结合的健康、快速的可持续发展。在继承和弘扬陕西青铜文化的同时，探索新的符合西北地区建设的环境，人文设计语言和其特有的文化表达方式。尤其在平面设计、建筑、环境领域，这一研究还处于急于探索出新的艺术设计语言阶段，故此，本书具有一定应用价值（图 1-65、图 1-66 ）。

图 1-65　日己方尊　西周中期　　　　图 1-66　日己方彝　西周中期

此外，低成本、高艺术价值的视觉表现，对艺术设计领域有很好的借鉴性和启发性。由于在此项研究中，除陕西地域青铜文化内容之外，最重要的一项就是对青铜纹饰本身的可塑性应用和研究。不同于以往对青铜器、青铜文化的研究内容，此项研究更具时代性，从应用学出发，力求完成研究领域与应用学科之间的完美转化。

在中国古代文化发展的漫漫历史长河中，随着社会经济的发展，曾出现过数次文化艺术的繁荣阶段，而以商代中晚期和春秋时期为两大巅峰期的青铜器文化，因其独特的形制特征，在中国工艺美术发展中享有卓越的地位，它为中国乃至世界的文化艺术史谱写了辉煌灿烂的篇章。陕西商周青铜器的设计，不仅体现了其作为器皿的基本实用特点，更突出了审美与造型的统一关系，将造型美寓于科学的功能设计之中。直到今天，这些传统的文化艺术品在当代艺术的发展中，仍然具有不可忽视的作用，而以青铜器为代表的商周汉唐陕西文化，对现代艺术设计的理论与实践具有指导和借鉴意义。①

目前，中国的艺术设计风格多借鉴欧美、日韩，缺少本国特色，我们的研究，能够将陕西青铜器——中国传统文化的瑰宝，所具有的民族性在艺术设计中得到应用和借鉴，学习青铜器中所蕴含的深厚文化，借鉴其独特的艺术表现形式——外在的器形和纹饰，丰富当代艺术的表现形式，提升中国当代艺术文化内涵，为打造"新中式"艺术设计理念提供一种思考方法和实现途径（图 1-67、图 1-68）。②

图 1-67　镂空足簋　西周中期

图 1-68　六年琱生簋　西周中期

第四节　研 究 方 法

首先要说明的是关于青铜器的分期问题。青铜器的分期是青铜器研究的首要项目，一直是学界十分重视和努力探讨的问题。郭沫若先生于 20 世纪 30 年代率先把中国青铜时代分成了四个时期：滥觞期（大率相当于殷商前期）、勃古期（殷商后期及周初成康昭穆之世）、开放期（恭懿以后至春秋中

① 刘昕，刘子建.商周青铜纹饰对现代产品设计的借鉴价值［J］.电影评介，2011，（2）：81-82.
② 卜小丽.青铜器纹饰在动画造型设计中的应用［J］.大众文艺，2010，（21）：48-49.

叶）、新式期（春秋中叶至战国末年）。① 就大的方面而言，分期还是基本合理的，这种分期为青铜器分期问题的研究奠定了良好基础。之后郭宝钧先生根据其确立的六个铜器群界标，从铸造、器形、花纹、铭文四个方面把中国青铜文化分为六期：早商、中商、晚商及西周前期、西周后期及东周初年春秋早期、春秋中期以至于战国初期、战国中末期②，可以看出，这种分期实际上是对四期说的延展，但注意了个别阶段铜器的变化（即商代中期和战国时期）。

随着考古发掘出土资料的不断积累和类型学研究的不断深入，伴随着考古学文化分期的开展，青铜器的断代分期研究也逐步走向深入细致。关于商代青铜器的分期，邹衡先生最早对殷墟青铜器做了四期七组的分期③，此后又对早商青铜器、爵做了三段六组的分期。④ 在此基础上，学者们相继对早商青铜器提出了二期⑤⑥、三期⑦、四期⑧ 等不同的分法，对于殷墟晚商青铜文化的分期，也有三期⑨、四

---

① 郭沫若.青铜时代［M］.北京：科学出版社，1959：319.

② 郭宝钧.商周铜器群综合研究［M］.北京：文物出版社，1981：197.

③ 邹衡.试论殷墟文化分期［A］//邹衡.夏商周考古学论文集［C］.北京：科学出版社，2001：64-68.

④ 邹衡.试论夏文化［A］//邹衡.夏商周考古学论文集［C］.北京：科学出版社，2001：106.

⑤ 杨育彬.郑州二里岗期商代青铜容器的分期和铸造［J］.中原文物，1981，特刊：36-39.

⑥ 中国社会科学院考古研究所.中国考古学：夏商卷［M］.北京：中国社会科学出版社，2003：387.

⑦ 李维明.郑州早商铜礼器年代辨识［J］.故宫博物院院刊，2001，（2）：25-33；朱光华.早商青铜器分期与区域类型研究［D］.郑州大学博士学位论文，2005.

⑧ 安金槐.对郑州商代二里岗期商代青铜容器分期问题的初步探讨［J］.中原文物，1992，（3）：23-29；河南省文物考古研究所.郑州商城［M］.北京：文物出版社，2001：231.

⑨ 张长寿.殷商时代的青铜容器［J］.考古学报，1979，（3）：271-300；杨锡璋.殷墟青铜容器的分期［J］.中原文物，1983，（3）：48-51；朱凤瀚.古代中国青铜器［M］.天津：南开大学出版社，1995：68-79.

期①、五期②之不同意见。而对于早商还是晚商青铜文化的分期，即使分期意见相同的学者，在对具体分段分组的划分上也存在不同的意见。近年来，又有学者提出中商文化概念③，具体而言，就是指仲丁迁嚣至武丁以前的这段时间，反映在考古学文化上，主要是指郑州白家庄期（即二里岗上层二期）到殷墟一期偏早阶段，并对中商的青铜文化也作了三期划分。④

关于西周青铜文化分期，学者们也提出了多种不同的意见。陈梦家先生提出三期分法④，初期包括武、成、康、昭；中期包括穆、恭、懿、孝、夷；晚期包括厉、共、宣、幽。⑤郭宝钧先生在《商周铜器群综合研究》中将西周青铜器分为前、后两期，其后仍有学者提出两期分法④，但他们提出的分段、分组意见有差异。王世民、陈公柔、张长寿在《西周青铜器分期断代研究》中也采用了陈氏的三分法，但改称西周初期为西周早期平。⑥其后又有学者提出了四期、五期、六期⑦等不同的意见。但总的看来，学术界多倾向于三期说，

① 郑振香，陈志达.殷墟青铜器的分期与年代［A］//中国社会科学院考古研究所.殷墟青铜器［C］.北京：文物出版社，1985：38-58；中国社会科学院考古研究所.殷墟的发现与研究［M］.北京：科学出版社，2001；岳洪彬.殷墟青铜容器分期研究［J］.考古学集刊，2004，（15）：72-76.

② 提出五期分法的学者是德国科隆大学艺术史研究所的乌尔苏拉女士，参见王世民，张亚初.殷代乙辛时期青铜容器的形制［J］.考古与文物，1986，（4）：69-74.

③ 安金槐先生是较早使用"中商文化"的学者，他以此指代郑州二里岗期遗存。到20世纪90年代末期，董琦、唐际根等先生相继对"中商文化"的内涵作了重新界定；董琦.关于中商文化研究的几个问题［N］.中国文物报.1998，7（29）：3；1998，8（5）：3；1998，8（12）：3；唐际根.中商文化研究［J］.考古学报，1999，（4）：393-420.

④ 曹玮.周原西周铜器分期［A］//中国社会科学院考古研究所夏商周考古研究室.考古学研究（二）［C］.北京：北京大学出版社，1994：144-165；孙华.彭县竹瓦街铜器再分析［A］//高崇文，日安田.长江流域青铜文化研究［C］.北京：科学出版社，2002：126.

⑤ 闫婷婷.西周时期中原地区青铜器鸟形装饰研究［D］.陕西师范大学硕士学位论文，2012.

⑥ 王世民，陈公柔，张长寿.西周青铜器分期断代研究［M］.北京：文物出版社，1999：251-254.

⑦ 李丰.黄河流域西周墓葬出土青铜礼器的分期与年代［J］.考古学报，1988，（4）：383-419.

并普遍引用（图 1-69）。

对于东周青铜器的分期，学者们一般分为春秋早期、春秋中期、春秋晚期、战国早期、战国中期和战国晚期六个时期，没有太大的争论。[①]

这些青铜器分期研究成果，为研究青铜器的造型和装饰艺术演变提供了极为便利的条件。

因此，笔者选用的青铜器均已经考古学者考证，时代较为清楚，故不

图 1-69　兽面纹簋　商代早期

再对其作断代分期研究，而采用考古学者的断代分期成果，按铜器断代的先后排列，进而探讨其造型和装饰艺术的风格演变。其中，商代前期的青铜器采用二里岗青铜器分期的成果，基本遵从《郑州商城》的四期分法，即二里岗下层一期、二里岗下层二期、二里岗上层一期、二里岗上层二期；商代后期的青铜文化分期采用《殷墟的发现与研究》一书的分期，即殷墟一期、殷墟二期、殷墟三期、殷墟四期的分期方法。对于西周青铜器的时代，采用王世民、陈公柔、张长寿三位先生的最新研究成果。对于没有详细分期的商代、西周以及东周青铜器，均采用发掘简报或报告所定时代（图 1-70、图 1-71）。

对于青铜器的研究方法，考古学者常用地层学、类型学等方法对其进行分期断代；美术史学者多采用艺术风格分析法对其艺术造型、艺术特征等作出分析归纳。就本书而言，内容涉及许多具体方面，主要采用的研究方法有类型学、艺术风格分析法、文化因素分析法及其他的相关方法。

① 李丰 . 黄河流域西周墓葬出土青铜礼器的分期与年代［J］. 考古学报，1988，（4）：383-419.

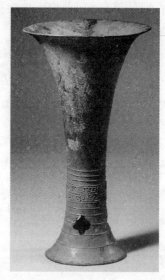

图 1-70　兽面纹觚（一）　商代早期　　图 1-71　兽面纹觚（二）　商代早期

一、类型学

　　类型学或称为标型学、器物形态学，它是通过对考古遗存的形态排比，以探求其变化规律、逻辑发展序列和相互关系，是考古学的基本方法之一。[①] 以往考古学者多用其对器物作出排比分析，把握器物发展演变规律，为考古学文化分期服务。但实践证明，类型学具有相对的独立性，所以现代学者也将其运用到其他研究中，"对某一种典型器物或花纹，从宏观和微观两个方面结合起来进行类型学研究，不仅能够理清楚一种器物或花纹的谱系，而且对于同一考古学文化内部的发展变化轨迹、不同之间的文化交流和影响等，均有着重要的价值和意义。"[②][③]

　　本书中的类型学主要运用于陕西青铜器造型和装饰纹样的分析研究，主要采用分类的方法，将各种器物或纹样从器物群中或纹样组合中提取出来，以时代为轴线，运用类型学进行归类比较，这样可以对陕西青铜器的造型设计或纹

① 李斌. 论考古学与文物保护科学之间的关系［J］.文物世界，2014，（1）：69-72.
② 栾丰实，方辉，靳桂云.考古学理论・方法・技术［M］.北京：文物出版社，2002：81.
③ 闫婷婷.西周时期中原地区青铜器鸟形装饰研究［D］.陕西师范大学硕士学位论文，2012.

样作动态观察，体现出青铜器造型或纹样演变的规律，从而对青铜器造型和装饰纹样相结合（因器施纹）而形成的青铜器装饰艺术的时代风格有清楚的认识和把握，并进而探讨青铜器装饰工艺的发展演变规律（图 1-72、图 1-73）。

图 1-72　兽面纹鬲　商代中期

图 1-73　伯方鼎　西周早期

二、艺术风格分析法

所谓风格是指艺术家、作家在创作中所表现出来的艺术特色和创作个性。[①]"艺术风格作为一种表现形态，有如人的风度一样，它是从艺术作品的整体上所呈现出来的代表性特点，是由独特的内容与形式相统一、艺术家主观方面的特点和题材的客观特征相统一所造成的一种难于说明却不难感觉的独特面貌。"[②]风格主要是通过形式表现出来的，所以"通过对形式的研究来把握风格的特征是艺术史学者所采取的重要途径之一"[①]。特定的民族在特定的历史阶段，由于受到特定时代的政治、经济等社会条件变化的影响，其艺术总体上会呈现出一种时代特色与民族特色。[①]艺术风格分析法，就是通过对艺术品的形式特征的分析，归纳出其代表性的时代特征，而这种特征指示着这个时代的艺术风貌。

---

① 李向伟. 装饰艺术风格的共性和个性刍议 [J]. 南京艺术学院学报，2005，（2）：57-60.

② 王朝闻. 美学概论 [M]. 北京：人民出版社，1981：281.

此种方法以往多为美术史学者所运用，近年也为考古学者所重视。我们在运用类型学的基础上，尝试运用此种方法对青铜器造型艺术、装饰纹样的时代特征作出总结，从而认识商周审美观念的流变（图1-74、图1-75）。

图1-74　兽面纹高足杯　商代中期　　图1-75　兽面纹独角爵　商代中期

三、文化因素分析法

文化因素分析法是指对考古学文化的诸多构成因素进行科学分析的方法，是考古学的基本方法之一。"考古学文化的发展不是孤立的、封闭的，而是在同周围同时期其他考古学文化的错综复杂的交往中实现的。"[①]考古学中常用其揭示相关考古学文化的发展阶段、文化源流、发展谱系和文化性质等问题。"青铜器，尤其是礼器的装饰纹样，最能反映出文化性质的异同。"[②]反过来，青铜器装饰艺术的丰富多彩正是由多种文化因素形成的，特别是春秋战国时期装饰艺术的多样性，需要利用文化因素来分析，这有助于我们认识多种装饰纹样的发展源流、

①　李伯谦.论文化因素分析方法［N］.中国文物报，1988-11-04；李伯谦.中国青铜文化结构体系研究［M］.北京：科学出版社，1998.
②　詹开逊.新干商代大墓青铜器装饰纹样初探［A］// 江西省文物考古研究所，江西省博物馆，新干县博物馆.新干商代大墓［C］.北京：文物出版社，1997：324.

形成原因和它们在不同时期的属性。当然，我们还运用了其他相关方法对陕西青铜器装饰艺术作分析研究。例如，我们在分析其装饰所反映的审美观念时，就要利用量化分析的方法指出每个时代的主要装饰风格，从而进一步说明这个时代人们的主要审美观念。

第五节 研 究 方 案

在此项目的初期研究过程中，经研究团队认真分析和合理安排时间后，形成如下研究方案。

第一，针对国内及国外大量的有关陕西青铜器的资料，进行充分的阅读、分析、理解，整合描绘出陕西青铜文化发展的历史脉络。

第二，针对陕西青铜器装饰工艺的历史内容，以此为研究核心，紧紧围绕陕西地域青铜器的型、纹乃至装饰艺术等进行全面深入的艺术挖掘、审美挖掘和创新挖掘，形成以陕西地域青铜文化为主体的研究框架体系，为下一步深入研究及应用打好坚实基础。

第三，通过对陕西青铜器装饰文化艺术的深度剖析和理解，进入一个摆脱器型、传统约束的创新研究阶段，发挥传统文化对当代艺术的积极作用。此阶段的研究重在解决传统青铜器装饰理念的内涵价值及应用的相互关系，一部分以简明文字描述记载，另一部分则以图形进行分析（图1-76、图1-77）。

图 1-76　兽目交连纹簋　西周中期　　　　图 1-77　纪侯簋　西周中期

第六节　研究目的和预期目标

一、研究目的

目前，从古代文献记载、宋清金石学的考证到现代考古学的分期断代、中外学者的纹饰义理分析，陕西青铜器装饰艺术的研究已取得了较为显著的成绩，研究领域不断扩大，研究内容涉及造型、纹饰的分类分型分式、纹饰的内涵、纹饰的组合配置、装饰的方法等。但是，由于研究角度、侧重点不同，致使对陕西青铜器设计手法的研究相对滞后。[①] 青铜器装饰艺术应包括其造型、装饰题材、装饰工艺、装饰形式及其揭示的社会文化和艺术观念等系列内容。目前，学者多以对青铜器造型、装饰纹样的特征和义理分析为主，对其他方面，特别是涉及陕西青铜和当代艺术应用的研究更是空白，急需加强，有许多问题尚待解决。

鉴于以上认识，本书首先在考古学者对陕西青铜器所作断代分期的基础上，从分类入手，以时代变化为轴线，对陕西地区出土的青铜容器的造型演变作一动态观察，从中了解古代匠师的艺术设计思想和青铜容器造型艺术的主要成就。

其次，我们以陕西地区出土的青铜容器的装饰题材、内容为主要对象，对其艺术风格起源、演变进行分析梳理，并尝试对不同题材的不同内涵进行重新审视和探讨。

再次，通过对装饰方法全面总结分析，以了解青铜器的装饰工艺；并着重对陕西商周青铜器装饰艺术的表现形式问题作以探讨，对平面纹样、立体雕塑、铭文，以及色彩等装饰形式作出分析，以求进一步完善青铜器的装饰艺术形式。[①]

---

① 刘路璐.康雍乾瓷质鼻烟壶装饰艺术研究 [D].景德镇陶瓷大学硕士学位论文，2016.

最后，通过对青铜器艺术风格的探究，针对它对当代艺术的影响和作用作一初步分析（图1-78）。

二、预期目标

在通过对陕西青铜装饰艺术的搜集、梳理、整合、分析、研究等一系列过程后，我们总结出以下目标。

图1-78 井姬鼎 西周中期

通过研究陕西青铜器的造型、纹饰、装饰手法，从中吸取有效的艺术审美价值，应用于当代设计、展示及心理意识领域。从陕西青铜文化的本源寻求以往所没有涉及的关于陕西青铜器的装饰艺术风格，力求摆脱原始造型的约束，不受形体影响，直接感受青铜本身的塑形关系、承载文化继承关系，最终以青铜的本源个性应用于当代艺术设计领域。

第二章
青铜器概述

第一节 青铜与中国青铜器起源

　　青铜是由红铜加锡或铅混合熔铸而成的合金材料，是金属冶铸史上最早的合金。中国使用铜的年代久远，大约在六七千年以前我们的祖先就发现并开始使用铜。1973年陕西临潼姜寨遗址曾出土1件半圆形残铜片，经鉴定为黄铜。1975年甘肃东乡林家马家窑文化遗址（约公元前3000年）出土1件青铜刀，是目前已知中国境内发现最早的青铜器，也是中国进入青铜时代的证明。青铜器是我国祖先对人类物质文明的巨大贡献，虽然从目前的考古资料来看，相对西亚、南亚及北非于距今约6500年前先后进入青铜时代而言，中国的青铜时代相对较晚，但具有独一无二的造物规模，就铜器的使用规模、铸造工艺、造型艺术及品种而言，世界上没有任何一个地缘文化的铜器可与中国古代青铜器相比。这也是中国古代青铜器在世界艺术史上占有独特地位并引起普遍重视的原因之一。[①]

　　张光直先生曾说："我毫不犹豫地大胆宣称，就已经发现的铜器来说，在中国所发现的青铜器的量，可能大于世界其余各地所发现的铜器的总和；在中国所发现的青铜器的种类，又可能多于世界其余各地所发现的青铜器的种类的总和。"[②]

第二节 中国青铜时代

　　宗白华先生在《艺术欣赏指要》一书中写道："在我看来，美学就是一种欣赏。美学，一方面讲创作，一方面讲欣赏。创作和欣赏是相通的。创作是为了

[①] 庄黎.青铜文化考——从青铜艺术的发展探究社会文化对创新意识发生的作用［D］.武汉理工大学硕士学位论文，2005.

[②] ［美］张光直.中国青铜时代［M］.北京：生活·读书·新知三联书店，1999：1.

给别人欣赏，起码是为了自己欣赏。欣赏也是一种创作，没有创作，就无法欣赏。60 年前，我在《看了罗丹雕刻之后》里说过，创造者应当是真理的搜寻者，美乡的醉梦者，精神和肉体的劳动者。欣赏者又何尝不当如此？"[①] 中国的青铜时代大约经历了 15 个世纪。从出土情况和史料看，青铜器同时也是身份、地位和财富的象征[②]。商周文化发展具有一定连续性与阶段性，商代审美意识与神权、王权融为一体，在"神本"背景中孕育了浓烈的主体意识，积极推动了"尚古"文化从"神本"向"人本"过渡。西周的审美意识中神性衰弱，人性突出，礼制风格加重，审美品位中注入了社会意识和人文意识。东周不断解构旧有的审美规范，在不断创新中构建着多元审美风尚，并逐步形成丰富的美学思想，开辟了后代美学的发展道路[③]（图 2-1、图 2-2）。

图 2-1　涡纹罍　西周中期　　　　图 2-2　涡纹罍　西周中期

不论是文化内涵还是制作工艺，世界各地的青铜器都无法与中国相比。中国青铜制造兴盛时间之长、类型之丰富、数量之众多、铸造之精美、纹饰之华

① 宗白华，林同华.宗白华全集（第三卷）[M].合肥：安徽教育出版社，2008：607.

② 廖群.中国审美文化史（先秦卷）[M].青岛：山东画报出版社，2000：112.

③ 朱志荣.夏商周美学思想研究[M].北京：人民出版社，2009：6.

丽，尤其是政治色彩之浓烈、文化底蕴之深厚，全世界没有哪个古文明能望其项背。[1]

从考古发现看，中国青铜时代的开始不会晚于公元前 2000 年。文献记载的黄帝铸鼎、蚩尤作铜兵就是对那个时代走向青铜时代的经典概括。[1]早期先民用青铜铸造了各种各样的器物。受生产力水平的限制，青铜的冶炼及铸造不能在较大的范围及较普及的层面进行，作为当时的珍贵物质，青铜器并不能为大众普遍使用，而是被贵族统治者垄断，其主要用途是制作祭祀礼器、乐器，以及货币、兵器等，耕作的农具还以石器为主，但青铜器的出现，反映了一个新的造物水平和人类新社会面貌的到来。

中国青铜器历经千载留传至今，是人类社会发展遗留下的重要文化遗产，是源远流长的中国历史和古代文明的有力见证，是我们研究中国先民历史、文化、艺术和古代金属冶炼技术发展等极其重要的实物资料（图 2-3、图 2-4）。[2]

图 2-3　弜季卣　西周中期

图 2-4　辅师簋　西周中期

①　朱志娟.青铜文化考——解析青铜造型艺术及其演变 [D].武汉理工大学硕士学位论文，2005.

②　黄薇.陕西不同地区土壤埋藏环境与青铜器锈蚀特征的研究 [D].西北大学硕士学位论文，2006.

第三节　陕西地区青铜概述

陕西是我国古代灿烂文明的重要发祥地之一，其中陕西地区出土的青铜器，数量多，历史科学价值高，保存也较完好。青铜器在陕西分布很广，北到长城沿线，南达汉水流域，已有48个县市（区）出土过青铜器，主要分布在关中的渭南、西安、咸阳、铜川、宝鸡，陕南的汉中、安康、商洛，陕北的榆林、延安等县。[①]

商代晚期至西周早期之际，青铜器铸造技术达到顶峰，春秋晚期则是铁器时代的初始，然而铁器的到来并未立即导致青铜工业的衰退，反而由于战国时代生产技术的普遍提高，使得青铜器的制造技术有了新发展。大约到了战国晚期，高水平的青铜铸造技术由于冶铸工艺的突飞猛进地发展，完成了历史赋予的使命[②]。正如玉器之于父系氏族时代的文化价值及历史意义，青铜器对于殷人来说，与其说他们是实用器物，毋宁说更是社会生活和精神世界的外在显现。也就是说，时人是将这些青铜器当作贵重之器和术品来享有。他们将最高的工艺、最大的热情都倾注在这些器物中，从而创造出就当时来说极富审美价值的精美器物[③]。以殷商时期为例，此时的中国青铜有些威严可怖，却依然保有独特的美学魅力。这一时期的青铜器，造型端方庄重，纹样精美刚硬，形式诡秘怪异，风格郁重狰狞。用今天的审美标准去品评殷商时期的青铜艺术是无法理解的。那个动辄杀戮俘虏、奴隶的时代早已经成为过去，但体现时代精神的青铜艺术至今却仍为我们研究，舍此纹样的外在形式之外，也许在于它或多或少体现了某种被神秘化了的力量[④]。

---

① 黄薇.陕西不同地区土壤埋藏环境与青铜器锈蚀特征的研究［D］.西北大学硕士学位论文，2006.

② 马承源.中国青铜器［M］.上海：上海古籍出版社，2003：4.

③ 廖群.中国审美文化史（先秦卷）［M］.青岛：山东画报出版社，2000：112.

④ 闫小琳.浅析商周青铜器纹饰的美学特征［J］.艺术评论.2008，（6）：57.

商周青铜器在时代背景下幻化成某种"神灵般"的力量，即便在今天看来，人们还能感受到它仿佛在震魂慑魄、威慑苍生。这是因为在青铜器铸造中，先民融进了审美理念和精神追求。作为欣赏者，当看到"错彩镂金，

图2-5 凤鸟纹鼎 西周中期

雕缋满眼"①的青铜器时，必然能感知到创作主体的情感心理与审美趣尚，完成自身的美感活动（图2-5）。

陕西出土的商周青铜器与其他省市相比有以下五大特点。

第一，数量大。仅1949年以来出土的铜器总数约有3 000件，占全国总数的43%，这是其他地区所无法相比的。

第二，长篇铭文多，最长的要属毛公鼎，达497字。

第三，西周时期出土的器物中宗庙重器特别多，王器多，这些器物不仅体积高大，而且造型美观，大多数都有长篇铭文，为宗庙重器，传遗子孙，永世宝用。

第四，西周断代标准器多。大家公认的断代西周标准器几乎每个王世都有，如著名的利簋。除此之外通过标准器的分析对比，结合青铜器铭文相关联的人和事，综合研究，可以判定出土王世的青铜器也很多。

第五，商代铜器多为方国之物，商文化系统之器不多。例如，陕北的绥德、吴堡、延长一带出土的商代青铜器有鲜明的地方特点，与山西省保德、永和一带出土器物风格完全相同，地域相连，隔河相望，属于同一文化圈，被认为是

---

① 宗白华在《中国美学史中重要问题的初步探索》一文中说："从三代青铜器那种整齐严肃、雕工细密的图案，我们可以推知先秦诸子所出的艺术环境是一个'错彩镂金，雕缋满眼'的世界。"载宗白华.美学散步［M］.上海：上海人民出版社，2011：35.

鬼方文化。陕西城固出土的铜器，礼器与中原商文化无异，兵器中的三角形援戈、人面纹斧、脸壳等多类同于四川新繁水观音、彭县竹瓦街等早期蜀文化遗存的器物，形制也很接近。因此，有人认为城固青铜器群为早期蜀文化的来源之一（图2-6、图2-7）。[①]

图 2-6　丰尊　西周穆王　　　　　图 2-7　周生豆　西周中期

陕西是周秦王朝的发祥地和畿辅要枢，青铜文化遗存极为丰富。自西汉年间出土的西周青铜器"尸臣鼎"到晚清的"四大国宝"——毛公鼎、大禹鼎、散氏盘、虢季子白盘。两千年来，陕西出土的青铜器数以万计。[②] 近百年来，这里不断出土商周时期的青铜器，其数量之大，制作之精美，铭文之重要，都是惊人的。中华人民共和国成立以来，陕西出土的青铜器更是令世人瞩目。例如，西周初年重器何尊的发现，史籍失载的弭国墓地精美青铜器的出土及岐山董家、扶风庄白、眉县杨家村批量窖藏精美青铜器的问世，极大地震动了考古和历史学界，在海内外产生了深刻的反响。

陕西青铜器文化的研究一直是相关领域的重要课题之一。研究陕西青铜器

---

① 黄薇.陕西不同地区土壤埋藏环境与青铜器锈蚀特征的研究［D］.西北大学硕士学位论文，2006.

② 刘明科.青铜器上的动物世界［J］.收藏，2014，（17）：112-123.

图 2-8 朕匜 西周中期

的制作工艺和文化内涵，可以为我们提供古代社会不同地域和人群间的文化信仰、生活习惯、审美意趣及生产水平、社会结构等多方面、深层次的信息。因此，促进青铜器文化对当代社会影响的深入与持久，为子孙后代留下宝贵的文化瑰宝，尽可能地发挥青铜文化价值，使青铜文化为当今的艺术创作提供借鉴就显得尤为重要（图 2-8）。[①]

第四节　陕西青铜器器类

陕西青铜器是我国祖先智慧和工艺的结晶，不但数量多，而且造型丰富、品种繁多，有酒器、食器、水器、乐器、兵器、农具与工具、车马器、生活用具、货币、玺印等。其中容器包括鼎、尊、鬲、簋、罍、方彝、卣、豆、瓿、觯、爵、角、斝、瓠、觥、匜、盉、盂、盆、盘、勺、壶等；兵器包括戈、矛、钺、戚、镞、戟、剑等；工具包括斧、锛、刀、锯、镰形器等；乐器包括铃、钟、镈等，另外还有杂项共计数十个品种，而每一器种在每个时代均呈现不同风采，同一时代的同一器种，其式样也多姿多彩，因而使陕西青铜器具有很高的观赏价值。而陕西青铜器之所以著名，并不仅仅在于其种类的繁杂，关键在于青铜器本身的质量。陕西青铜器精品很多，尤其在商周时期，青铜器制造处于顶峰阶段。此时的青铜器精品数量大，青铜器以其制作工艺精湛、形制瑰异、花纹繁缛、富丽堂皇而为世人所称赞。该时期的陕西青铜器，不仅在造型方面具有非常强的特色，而且在纹饰的装饰与造型的结合上达到了美学与功能的高

---

① 黄薇.陕西不同地区土壤埋藏环境与青铜器锈蚀特征的研究［D］.西北大学硕士学位论文，2006.

图2-9　盠方尊　西周中期

度统一。因此，对陕西地区商周青铜器的研究，不仅有助于更好地了解和更深入地认识青铜文化，对青铜器自身的保护和青铜文化的发扬，也有着十分重要的意义（图2-9）。[①]

---

① 刘昕，刘子建.商周青铜纹饰对现代产品设计的借鉴价值［J］.电影评介，2011，（2）：81-82.

第三章
陕西青铜器
造型特点

以往我们在研究商周青铜器艺术时，都认为它是非常珍贵的艺术品，其原因是：我们现在头脑中关于商周青铜器的艺术价值，是艺术评论家和美术史家给我们头脑中所描绘的一个概念。因为青铜器上的纹饰是迄今唯一保存最多、最完善的实物资料，所以就把它当作当时艺术的典范予以评价，但人们忽略了一点，当时制作青铜器的工匠并不都因为审美的原因而制作或认为自己在制作了不起的艺术品，而是尽力在制作精美的日用品或祭祀的祭器，因而，作为实用器皿的美是其最为主要的目的。

既然是作为器皿，那么它的造型设计艺术，必然是其审美价值的真谛之一。只有把属于审美活动的事物和属于实用活动的事物分离开，才不至于概念混淆，将自我主观的欣赏好恶，误认为客观条件的价值认知，如同绘画、雕刻和建筑一样，一个民族的日用品的设计艺术也同样是辨别、解释历史精神状况发展过程的科学。因此，今天文化的发展，已不再被理解为个人独特艺术品的更替。从而，对陕西商周青铜器造型艺术的探究便必不可少。[①]

陕西青铜器的造型，在原始陶器造型的基础上，赋予了新的发展和创造。每一种器形，经过长期的发展演变，都显得特征鲜明，形式优美。对陕西青铜器的造型进行分析，可根据中国青铜器造型的划分法，将其分为几何形态、意象形态以及异形形态（图3-1、图3-2）。[②]

第一节　曲直相济的几何形态

几何形态包括球形、筒形、方形等。古希腊的柏拉图认为直线和圈线是最

① 岳钰. 论商周青铜器造型设计艺术［J］. 西北美术，1989，（3）：117-133.
② 朱志娟. 青铜文化考——解析青铜造型艺术及其演变［D］. 武汉理工大学硕士学位论文，2005.

图 3-1　晋侯对盨（一）　西周晚期　　　　图 3-2　晋侯对盨（二）　西周晚期

美的形式，"我说的形式美，指的不是多数人所了解的关于动物或绘画的美，而是直线和圆，以及用尺、规和矩画出的直线和圆所形成的平面形和立体形……这些形状的美不像别的事物是相对的，而是按照它们的本质就永远是绝对的美，这是线单纯从形式上产生的美感"①。

不论是容器类还是非容器类的青铜器，几何形体的造型设计是最基本的设计，也是采用最多的形体。仅容器而言，圆鼎的造型特征为圆形，方鼎的造型特征是方形；圆形的有球体形的，椭圆形的，也有圆柱体形的，如壶、尊等；方形的器物还有方彝、方尊等。不同的器物可以说都有各自不同的造型，其设计皆基于一点，就是作为容器的功能性，凡容器必须能够容物。因此，从古至今，容器大多设计为圆形，因为圆形容器的容量最大，制造和使用比较方便。同为贮酒的容器，如尊、卣、爵等，因不同的功能而形成不同造型，而且，不同的使用阶层和不同的使用场合也决定并影响着造型与设计。以鼎为例，鼎的造型有圆球形，也有方形。殷商周初的圆鼎，其腹部曲线外弧度最凸点偏低，重心下沉，圆中寓方，雄浑刚健。两耳与三足的装配，由早期的"四点式"改为"五点式"②，造型更显得端庄、稳重，无论从哪个视觉角度观赏都是

---

① ［希腊］柏拉图. 柏拉图文艺对话录［M］. 朱光潜译. 北京：人民文学出版社，1980：298.
② 即从俯视角度来看，两耳三足中有一耳一足相重合，谓之四点；两耳二足互不重合谓之五点。

如此。①1979年出土于咸阳市淳化县史家原现藏于陕西历史博物馆的淳化大鼎，通高122厘米，口径83厘米，重226千克，是目前已知的西周铜鼎中最大最重的圆鼎（图3-3）。

方形造型的鼎，直到殷商时期才开始出现。以1975年3月陕西扶风庄白村西周墓出土，现藏于陕西省扶风县博物馆的西周中期冬方鼎为例，该鼎通高27.5厘米，口宽26厘米，口长17厘米，重6.5千克。圆角长方形，两立耳，四柱足，鼎腹口小底大，垂腹，底近平。鼎盖两端各有一长方形孔，恰与两立耳相套接，不使鼎盖错动。盖中央有一环钮，以便揭提。盖顶的四隅各有一个矩形立扉，倒置成足，可使鼎盖变成俎案。此器设计独具匠心，其鼎盖作法为商周青铜器所罕见，弥足珍贵（图3-4）。

图3-3　淳化大鼎　西周　　　　　　　图3-4　冬方鼎　西周中期

尽管该方鼎在当时作为王室宗庙重器为人们所顶礼膜拜时，使人更多的感受到的是一种庄重感和威慑感。实际上，这件大方鼎的前后两个矩形平面的长与宽比例，几乎接近比这一时期还晚一些的古希腊毕达哥拉斯所发现的黄金比，其造型本身极富美的魅力（图3-5、图3-6）。

---

① 朱志娟. 青铜文化考——解析青铜造型艺术及其演变［D］.武汉理工大学硕士学位论文, 2005.

图 3-5　兽面纹方鼎　商代早期　　　　图 3-6　康侯丰方鼎　西周早期

　　西周中期以后，为祭器所特有的方形造型明显减少，但方形的造型形式并未消失，而是被改造出新。有的方中带圆，圆中带方，如盏、钫等。战国的扁壶则将球形用直线和平面作两个面的切割，使得方圆、曲直相济[①]，如2003年1月出土于陕西省宝鸡市眉县杨家村的单五父壶。研究资料表明，该器物"长颈，垂腹，椭圆形。长方形子口盖，两侧附龙首衔环耳。颈部饰环带纹及凸弦纹，腹部以突起的双向龙首为主，辅以数条身躯相交的龙纹。圈足上为变体龙纹，器盖装饰环带纹，顶内凹，内饰两条交龙。该器铭文铸于壶口内壁及其盖上，口内铭文4行，19字，含2重文符。盖上铭文4行，17字。该铜壶造型优美，纹饰缛丽，铸工精湛，堪称精品。"整体造型显得轻盈生动，在青铜器的器形中属于比较特殊的一类，其特点是保留方形以直线和平面造型的基本特征，对形体和前后左右四个面，用斜线和斜面做上、下都收（包括器盖和器身）的双梯形处理。同时，外侈的圈顶和圈足，又与内收的器身产生一种相反相成的节奏对比。造型于庄重之中透出轻巧，稳定而不失活泼（图3-7、图3-8）。[①]

①　朱志娟.青铜文化考——解析青铜造型艺术及其演变［D］.武汉理工大学硕士学位论文，2005.

图 3-7　单五父壶　西周

图 3-8　梁其壶　西周晚期

第二节　"似与不似之间"的意象造型

国画大师齐白石先生有句名言："作画妙在似与不似之间，太似为媚俗，不似为欺世。"就其含意而言，所说"似"是指创作的来源是客观现实，创作应该是现实真实的反映；所说"不似"，是说绘画与照相不同，应该与客观现实有所区别。"似与不似之间"实际上代表了中国画的一种造型观。这里说的"似与不似之间"，阐述的是作画方面的造型方法。实际上，陕西青铜器的造型方法，也符合上述造型规律。中华民族的传统思维方式具有意象性的特征。这种思维是把具体形象与抽象意义结合起来的思维，是通过具体形象表现抽象意义的思维。意象思维的方式，对中国乃至陕西青铜器造型也产生了极大的影响（图 3-9 ～图 3-11）。[①]

研究资料表明，1976 年陕西省宝鸡市茹家庄强国墓地出土的西周中期的象尊，通高 23.6 厘米、通长 37.8 厘米，重 4.5 千克。象体肥硕丰满，象鼻高挑，鼻头翻卷，中有圆孔，与体腔相通为流。象口微张，齿牙外露，两圆目突出，

---

① 朱志娟．青铜文化考——解析青铜造型艺术及其演变［D］．武汉理工大学硕士学位论文，2005．

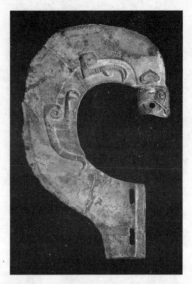

图 3-9　镂空蛇纹鞘短剑　西周早期　　图 3-10　耳形虎含銮钺　西周早期

图 3-11　鸟盖盉　西周晚期

圆耳耸起。背部坦阔，中空，上有长方孔，方形器盖扣伏尊口，盖中部隆起，上有两圆环，方盖与象体环接。四柱足短粗，象尾自然下垂。器盖饰四组卷体蛇纹。通体饰四组凤鸟纹，用粗线条阳线勾勒，凤鸟垂冠，卷体呈圆涡形。中间对峙两组三角形几何纹，每组四个三角形套连，云雷纹衬底，纹饰布局甚为巧妙奇特。象体浑厚，象鼻高举，并利用象鼻作流，象鼻向上弯伸，鼻端装饰成凤形，凤冠上饰一伏虎。象鼻喷水合乎生活情趣，不过凤"喷"酒的意象意味就比较浓了（图3-12）。[①]

　　1955年于陕西省宝鸡市眉县李村出土的西周中期的盠驹尊，通高32.4厘米，长34厘米，重约5.68千克。盠驹尊作昂首挺胸站立的小马驹形，竖耳垂尾，背有可以开合的小兽钮盖。腹两侧和盖钮上有由涡纹和云纹组成的圆形图案。剪鬃束尾，稚气十足，活泼可爱。盠驹尊胸部铸有铭文9行94字，盖内有铭文3行11字。通篇计107字，大意是对周王举行执驹典礼的叙述：周王把以"骆子"和"騛子"命名的青铜驹尊，作为奖品兼命书，授于盠，并委任他"摄司六师豦八师执"，即执驹为周六师和殷八师主持马政。铭文总结记载了周人护马的有效措施，是研究西周马政的重要史料。盠驹尊造型独特，制作精美，在商周青铜器中极为罕见，弥足珍贵（图3-13）。

图3-12　象尊　西周中期

图3-13　盠驹尊　西周中期

　　据相关资料显示，1976年陕西省宝鸡市茹家庄強国墓地出土的西周中期的貘尊，通高18.6厘米，通长30.8厘米，重3.25千克。以貘作造型的青铜酒尊非常少见。貘为我国古代一种凶猛无比、嚼铁如泥的怪兽，史书虽有载，但早

---

① 朱志娟.青铜文化考——解析青铜造型艺术及其演变 [D].武汉理工大学硕士学位论文，2005.

图 3-14 貘尊 西周中期

已在我国灭绝。一些热带国家仍有貘存在。该貘尊形似羊体,首微昂,吻部前伸,圆目有神,两卷角倒竖,体态肥硕丰满,腹身微垂,四兽形足较短,臀部有半环形卷尾。体中空,置有四角椭圆的方盖,盖与后背以铜环相连,盖上有一立虎,虎头伸向前方,双目直视,旁若无人,似在缓步行进之中。虎背微屈,长尾拖地,全身强健,充满活力。貘两肩胛及后臀处饰四组夔凤纹,夔内卷体呈涡纹。盖内壁有铭文两行八字,表明此貘尊为弜伯为其妻井姬所做(图3-14)。

上面列举的几件陕西商周青铜器,充分体现出创作主体对艺术语言的精妙运用,虽然体量不大,但空间感强,富含层次,给人较强的视觉冲击。

首先,为了拓展器物的层次与空间,工匠们巧妙的使用圆雕、高浮雕和浅浮雕,运用圆弧线和曲线,巧妙地延伸观者的视线轨迹。

其次,用高度概括的、简约的器形轮廓与雕刻线条,进一步扩张了青铜器的形体,加大器物的三维空间。

陕西商周青铜器的创作主体不仅深知人的内在情感生活的结构、秩序和活动规律,还明晰与之相对应的种种外在形式,这双重的知识使他们能够迅速地和无意识地,把某种情感同某种外在事物或形式联系起来,然后,再用青铜材料将这种形式加以固定。

这些青铜器的造型上虽然有一个明显的嬗变过程,但精神与能量的释放却是一脉相承的。不仅辅助了器形的稳定、广阔与肃静,也将方与圆的线条比形式有机地统一在局部范围之中,体现了刚柔并重的视觉效果。这种手法的运用,使观者感知工匠们的心灵。他们以具体、生动、感人至深的独特方式,来传达自己的精神世界，具有鲜明的思想和艺术观念。

　　陕西青铜器的象生形造型，从造型艺术的角度来看是相当成功的。这些意象造型既充分刻画出动物形象的特征和神态，又敢于作变形、添加和夸张，作为器皿的造型也十分自然合理（图3-15～图3-17）。

图3-15　井叔锺　西周中期　　　图3-16　克镈　西周晚期　　　图3-17　晋侯苏钟　西周厉王

第三节　魅力独特的异形形态

　　所谓异形，是指器物造型中一种不规则的、非对称式的造型，这种打破常规的造型形式，在审美上却有着独特的艺术魅力。异形器的成型，较之规则形态的成型难度要高。爵的造型属于异形造型。商代的觚和斝，只需两块外范合成，再加一块底范和一块芯座，即可浇铸成型。一套爵范则需要十六块外范，各范之间均需有榫口严密接合。异形造型的发展，是制作工艺进步的体现，也反映了人们对造型之美的更高追求。实际上，爵的造型的演变，也有个逐步完善的过程。以陕西地区为例，夏代的爵，流窄长，尾短尖，三足尖细呈直立状。器身与足部有截然分开之感，造型略显头重脚轻，左右不均衡，上下不呼应；商代的爵，流宽圆，尾部相应拉长，底呈圆弧状，有下坠趋势，三足粗壮呈斜

图 3-18　父辛爵　西周穆王

角支撑，口沿的立柱也着意加高。形体在变化中相互顾盼，彼此呼应，比例得当，浑然一体。造型既有一个最佳的主视角度，其他角度也有较好的视觉效果。①

1976 年 12 月陕西省扶风县庄白村一号西周青铜器窖藏出土，现藏于陕西省周原博物馆的西周时期的父辛爵，属件西周穆王时期的温饮酒器，"宽流、长尾、深腹、圆底，下呈三刀状足。流饰垂冠凤纹，记木羊氏为父辛做器，体现了浓厚的造型美"（图 3-18）。

此外，陕西青铜器在整体造型上还体现了对称性。器形上中下各部位比例协调，左中右各部位保持平衡，以便器物的重心落在中心位置，从而取得沉稳的视觉效果（图 3-19、图 3-20）。②

图 3-19　晋侯苏鼎　西周晚期

图 3-20　虢叔盂　西周晚期

---

① 朱志娟. 青铜文化考——解析青铜造型艺术及其演变［D］. 武汉理工大学硕士学位论文，2005.

② 党蕊. 从青铜器纹饰看中国传统装饰美感［J］. 四川文物，2008，（5）：46-48.

第四章
陕西青铜器纹饰种类、象征寓意及文化内涵

第一节　陕西青铜器纹饰种类

中国传统纹饰从产生时就与图腾观念相联系，由此使中国传统纹样的创造以一种仿生形纹样开始，是某种自然界或生物界的象征。在仿生形纹样的基础上，经过组合、重构，把原有内容规律化、韵律化，达到一种装饰效果。这是在中国特有的文化基础上产生的法则，虽然在构成形式上与西方构成有相似之处，但二者的出发点是不同的。

陕西青铜器上的装饰纹样，相对以前的装饰纹样，得到了抽象化的发展，装饰性和抽象性特征都较明显。但这一点和西方现代平面构成却有很大区别。西方现代平面构成将人的生理基础作为视觉构成的出发点，必然带来某种纯粹的抽象性，而且以无形象性为代表特征。

青铜艺术造型及纹饰不仅具有神秘性，且具有独特的装饰美感。尤其是对称美的运用，更是青铜器纹饰中不可忽视的特征之一。对称的运用在人类艺术史上出现很早。在中国新石器时代的装饰艺术中，陕西半坡彩陶的人面鱼纹对称性便颇为典型（图4-1）。

图4-1　人面鱼纹盆

由此可见，新石器时代的先民已意识到，饰以对称纹饰更能引起视觉享受。可见该时期的装饰艺术已将对称视为普遍的美的原则。这种审美观念发展到商周，就造就了青铜器上精美而纯熟的对称性装饰艺术。就陕西青铜纹饰的形体图像而言，大致可分为几何纹、动物纹及人物纹三类。①

---

① 党蕊. 从青铜器纹饰看中国传统装饰美感 [J]. 四川文物，2008，（5）：46-48.

一、质朴简练又抽象流畅的几何纹

陕西早期青铜器上的几何纹，是对新石器时代陶器纹样的继承和发展。由于商周距原始社会较近，人类艺术的发展还处于幼年时期，纹样多为较简单的抽象几何纹。该时期的几何纹以点、线、圆形、方形、三角形为基本要素。典型的以连珠纹、弦纹、直条纹、直棱纹、云雷纹、火纹等为代表，艺术处理和结构较为单一，多以对事物的概括模仿或抽象再现为主[1]，如陕西蓝田的匐簋、伯簋[2]都属于该时期的典型代表（图4-2～图4-4）。

图 4-2　匐簋

图 4-3　伯簋

图 4-4　簋　西周晚期

二、狰狞神秘走向轻松闲适的动物纹

陕西青铜器成熟的商周时代，随着制铜技术的发展与失蜡和合范工艺的发明，青铜器艺术达到顶峰。该青铜器纹饰发展的重要趋向是产生了抽象化、线

---

① 刘昕，刘子建.商周青铜纹饰对现代产品设计的借鉴价值［J］.电影评介，2011，（2）：81-82.

② 陕西省考古研究所，文物管理委员会、博物馆.陕西出土商周青铜器（一）［M］.北京：文物出版社，1979：68.

条化。青铜器艺术家们很懂得简化、抽象在纹样造型中的重要意义，最为著名的就属兽面纹——饕餮纹（图4-5）[①]。

图 4-5　饕餮纹

饕餮纹以鼻梁为中线，两侧作对称排列，犹如两个侧身的夔形对接，正好拼成一个正面饕餮。饕餮纹实际上是各种动物或幻想中的物象头部正视的图案，形成尖角翻卷、双目圆瞪、龇牙咧嘴、利爪大张的状态。以粗犷的勾曲回旋的线条构成。除兽目圆大，以为象征外，其余条纹并不具体表现物象的各个部位，纹饰多平雕，个别主纹出现了浮雕。还有较为常见的夔龙纹和凤纹等（图4-6），这些纹饰的形态奇特，图像抽象，纹饰狰狞神秘，体现出一种超自然的力量及人们对这些神秘动物的崇拜心理。

图 4-6　夔龙纹

随着时代的发展和青铜器应用的普及，动物纹也发生了变化，原来粗犷的

① 刘昕，刘子建.商周青铜纹饰对现代产品设计的借鉴价值［J］.电影评介，2011，（2）：81-82.

线条变得较细,之前较为抽象神秘的纹饰也变得较为写实。马、牛、羊、鸡、犬、豕六畜,象、鹿、犀、虎、兔、龟等野生动物,蝉等昆虫和一些变形的动物如长鼻兽等成为青铜器动物纹的主体。虎纹、牛纹、鸟纹等多见于后来的青铜器之中。商周青铜器中有许多自然物象,多以变形手法来表现,而变形手法中更是沿用了对称的审美原则,近乎完美的对称。[①]给人以威严神秘的诡异色彩和一种庄严肃穆的审美感受[②](图4-7、图4-8)。

图4-7 兔尊 西周中期

图4-8 兽首流方盉 春秋晚期

三、由辅助衬托走上首要主位的人物纹

早期青铜器上人物形象多为辅助图案的圆雕,周代青铜器底部偶见一些小的立体人形,多呈现为跪着托举的姿势,或被猛兽追逐的场面等。周代晚期青铜器人物形象与以往不同,更接近人的本来面目,此时的人物形象虽然所占比例很少,但表明人物形象开始进入了青铜器中。春秋中期到战国中期,青铜器上盛行镶嵌或刻纹图像,在青铜器外壁或内底则以"全景式"的图像展示了人物活动,大多为帝王贵族生活的活动,包括宴饮、歌舞、习射、采桑、弋射以及战争场景。人物纹成为当时青铜器的主要装饰纹样(图4-9~图4-11)。[①]

① 刘昕,刘子建.商周青铜纹饰对现代产品设计的借鉴价值 [J].电影评介.2011,(2):81-82.
② 党蕊.从青铜器纹饰看中国传统装饰美感 [J].四川文物,2008,(5):46-48.

图 4-9 水陆攻战纹线图

图 4-10 人头銎钺 西周早期

图 4-11 人面形饰 西周早期

第二节 陕西青铜器象征寓意

青铜时代，人们的政治精神、宗教意识通过器具表达的途径与范围非常有限，作为祭祀礼器、生活器皿等主要用器的青铜器，其纹饰就不可能是单纯的装饰艺术，而是政治精神、意识形态、文化观念、宗教信仰甚至制造构思与制作技术在青铜器上的集中体现。陕西青铜器的纹饰反映了当时的社会意识形态和社会生产生活状态，是记载时代政治历史文化的百科全书[1]，其象征寓意主要体现在功能、造型、材质三方面。[2]

一、功能特征的情感寓意

中国古代的器物充分体现了既注重实用性又注重精神性的功能特征。所谓器物的精神性功能特征，主要体现在"道"字上。中国古代的"道"基本上是以儒学的基本理论为基础，融会儒、道、阴阳五行思想的"天人合一"的"道"（图 4-12）。

图 4-12　龙纹禁　西周早期

商周时期的陕西青铜礼器除了基本的实用功能之外，更重要的是蕴含在礼器中的情感化礼仪。商代的"礼"突出表现在祭祀方面。奴隶主阶级们在庙宇放置大量精美的青铜器用于祭祀天帝、祖先和鬼神。这些青铜器的重量、尺寸的设计上相当夸张，完全脱离了正常人的尺度，达到"神"的尺度，以此来满足祭祀膜拜的精神需求（图 4-13、图 4-14）。[2]

---

① 刘昕，刘子建.商周青铜纹饰对现代产品设计的借鉴价值［J］.电影评介，2011，（2）：81-82.

② 童娜，洪华，陶晋.从中国古代器物的象征寓意谈情感化设计［J］.设计艺术，2006，（4）：50.

图 4-13 单匜 春秋早期　　　　图 4-14 商丘叔簠 春秋早期

二、造型特征的情感寓意

象生形是古代器物造型的典型特征之一。从原始时期到现代，这种形式一直延续。所谓象生形，是指模拟人物、动物、植物及其他自然形态的造型。许多象生形，被寄予了丰富的意蕴和深厚的内涵，具有象形寓意的艺术情趣。商周时期的陕西青铜礼器，就通过模拟的形象表达出对神灵的崇拜。

例如，在商周时期，牛是六畜之首，是最重要的牺牲之一。1967 年陕西省宝鸡市岐山县贺家村出土，现藏陕西历史博物馆的西周中期的牛尊就是典型代表。该尊通高 24 厘米、长 38 厘米、腹深 10.7 厘米。尊体作水牛形，身体浑圆，头部较大，目外鼓，角后翘，耳开张，吻部平，开一小流可倾酒。背有方盖，上立一虎。体饰有目形窃曲及卷涡纹饰，以尾做鋬。四蹄足粗壮平稳。整体造型简练，手法夸张（图 4-15）。

图 4-15 牛尊 西周中期

三、材质特征的情感寓意

材质是器物的物质基础，从古代器物的发展来看，商代以青铜器为主，青铜器和金银器同属金属类。青铜器的发展经历了人化——神化——礼化——人化的演变。由于在商周时期祭祀活动盛行，青铜器的功能也变得扭曲，从而成了神化的祭祀用品。它让人联想到等级、神威、威严、庄重、严谨、刚健、浑厚等词。[①]

第三节　陕西青铜器文化内涵

图4-16　兽面纹罍　商代早期

商周时期，青铜礼器主要用于各种祭祀和典礼活动。此时的祭祀活动，有着多重现实意义。人们通过祭祀的形式，召唤人的灵魂，拜天地以敬鬼神。统治者也通过祭祀的过程来完成意志的张扬，强化其个人统治的地位（图4-16）。[②]

考古资料表明，饕餮纹是先秦青铜器上最重要的纹饰之一，在陕西先秦青铜器纹饰中占很大比例，是最常见的纹饰之一。传世或考古出土的陕西先秦钟鼎彝器，大多刻有图案化的饕餮，这在我国青铜器发展的第一个高峰期——殷墟期更为突出。饕餮纹延续时间很长，从二里头文化期开始到西周中期一直较为流行，同时，它经常出现在国之重器上，可见它的意义非比寻常。陕西先秦青铜器上的饕餮纹，是意识形态的物质载体，它所凝聚的神秘意蕴一直引人深思。它的文化内涵一

---

① 童娜，洪华，陶晋.从中国古代器物的象征寓意谈情感化设计［J］.设计艺术，2006，（4）：50.

② 邓莉丽.商周青铜器兽面纹对现代礼品包装设计的启示［J］.包装工程，2010，（8）：104-107.

直是青铜器研究的重要内容，是被文物及考古工作者特别关注的问题之一，对此展开深入研探的专家学者有很多，得出的结论也是不尽相同。那么，这种神秘纹饰究竟有何含义呢（图4-17）。

图4-17　饕餮纹

宋人王黼《宣和博古图》最先称青铜器兽面为饕餮，是根据《吕氏春秋·先识览》中"周鼎铸饕餮，有首无身，食人未咽，害及其身，以言报更也"一语而来的。由于许多青铜器上装饰的兽面纹确实是"有首无身"，因此便被认作是饕餮。这一记载同时还解释了在青铜器上铸饕餮的用意是"所以示戒也"。从字面上分析，在青铜食器上装饰饕餮，是在告诫进食者对饮食要有所节制，不要放纵，勿蹈饕餮覆辙。然而，其深层含义是想告诉人们，不贪吃不仅是出自健康考虑，更是从品德，甚至是从政治角度出发。古人认为，贪吃与否关系到国家兴亡（在这里，贪吃引申为贪婪、贪欲）。夏、殷两代的兴亡就是证据。

也许有人不解，饕餮贪婪好吃的形象几乎毫无神圣可言，为什么青铜时代的华夏族，会那么崇拜贪吃的饕餮，甚至将它捧上国家神器？难道那时的人贪婪好吃，所以崇拜贪食的恶兽？随着研究的开展，当研究者发现，饕餮极有可能是原始图腾的变形，这个问题就迎刃而解了。原来，贪食只是饕餮的一个特征，是饕餮精神和性格的表象。饕餮虽然贪食，但它凶猛进取、威武不屈、宁肯战死，不愿病终的精神品质才是早期华夏族崇拜它的根本原因。先秦时期的华夏族对饕餮神兽的崇拜，是对游牧先祖图腾崇拜的承续。到农耕文明和儒家思想逐渐占据主流文化和统治地位后，饕餮便从国家神器（青铜器）上退位，将主角让位给龙。不论饕餮是否有蛇身或龙身，假如在它的头后续上龙身，从外观上看，确实与后世的标准龙相差异不大。殷商时期陕西青铜器上的饕餮纹，多表现出狞厉诡异、神秘豪放的艺术风格，其繁褥绮丽的形制，彰显了震撼人心的艺术魅力，显示了处于青铜文化鼎盛时期的文化艺术，华美富丽、雍容堂皇的气派。而西周青铜器上的饕餮纹，多与云纹同时出现。这时的饕餮纹，画面以饕餮为中心，云纹环绕其周。有人解释说，这种纹饰想要表达的是，饕餮飞翔在空中，身体藏在云上，头从云层里探出来俯瞰人间。

　　另外，青铜器在殷商时是重要的祭祀之物，主要用于盛放各种敬献给神的祭品。如果把在青铜器上刻画饕餮的用意理解为"戒贪"，那么，难道当时的人想以此告诫享用祭品的神灵要饮食控制，不可过于贪食吗？这种说法似乎于理不通。其实，青铜器上的饕餮纹，并不仅以"戒贪"作解。青铜器在商周是王权的象征，被视为国家统治权力合法性的象征和标志。不少学者认为，当时的统治者是利用饕餮纹的"狰狞恐怖"来表现王权的"神秘威严"，使人望而生畏，以狰狞庄严的形象，寄托他们的意志、幻想和希望，并最终显示对政权、地位、财富的占有（图4-18）。

图4-18　兽面纹爵　商代早期

　　从饕餮纹的原始形态看，我们不难发现，很多时候，饕餮纹是以一对圆泡状乳钉的形式出现的，这对乳钉纹就是饕餮的双目。后来，随着青铜文化的不断发展，饕餮纹逐渐出现了鼻、口、耳、眉，成为五官齐备的神秘兽面。考古资料表明，无论是在商初之前，还是在西周时期，很多时候，青铜器上的饕餮纹确实只刻出一双眼睛。眼睛是判定饕餮纹最为关键的标志。青铜器上的饕餮纹，其余的五官都可以简化，甚至可以省略，但眼睛不行，没有了眼睛，就不能叫饕餮纹，眼睛是饕餮纹的"灵魂"。一些学者认为，先秦青铜器上饕餮纹，不仅是一种神秘幻想的动物纹样，还当为天神或太阳神之属。在诸多古代神话中，太阳都被称为"天之眼"，如波罗门教的太阳神，又称作"天之眼睛"或"世界的眼睛"。萨满教的天神就是太阳神，太阳神往往被绘制成眼睛的形态。在我国，新石器时代晚期已经有了标准的饕餮纹，也有了饕餮纹的简化形式，即目纹。另外，原始彩陶和原始玉器上，也开始出现成对的目纹。由此可见，饕餮纹很可能源自史前的眼睛崇拜，在艺术表现手法上着重对眼睛的强调和刻画，正是饕餮作为太阳神（光明）的标志。[①]

研究资料表明，符号是装饰艺术的基本元素之一，是一种艺术的表述方式。纹样的符号意义是由群体的共同认知而产生的约定俗成的观念，它的内容具有抽象的象征性。中国古代的装饰纹样大多数都带有符号意义，如青铜器上的饕餮纹，它突出的就是一种幻想中的原始力量，它是变形了的、风格化了的、幻想的、可怖的动物形象。它们给人的感受是一种神秘的威力和狞厉的美。它们之所以具有威吓神秘的力量，不在于这些怪异动物形象本身有如何的威力，而在于以这些怪异形象为象征符号，指向了某种似乎是超世间的权威神力的观念（图4-19）。

图 4-19　虢季子白盘　西周宣王

① 卢昉.陕西先秦青铜纹饰的象征语言对当代艺术的启示［J］.大众文艺，2013，（12）：138.

第五章
陕西青铜器
表现形式

青铜器的装饰艺术包括哪些方面？所谓装饰，装者，藏也，饰者，物既成而加以文采也。[①]装饰艺术就是按照装饰表现规律并运用装饰性的符号和手法，融会于艺术、设计多种途径而形成的综合性的造型艺术形式。[②]就青铜器来说，其装饰艺术主要是指在青铜器表面添加富有艺术性的构件、纹样、符号和色彩，而使青铜器产生更为美观的效果，起到美化造型、突出造型、增强艺术感染力的作用。因此，其研究内容不仅涉及青铜器的造型、纹样的题材，而且装饰的工艺方法和装饰艺术的表现形式（包括平面纹样类装饰、立体雕塑性装饰、文字性装饰和其他漆绘、镶嵌等所形成的色彩性装饰等）都是装饰艺术的重要组成部分。同时更为重要的是，"装饰艺术是可以有巨大的思想和精神力量的"[③]，所以，笔者通过青铜器装饰内容的风格演变，探讨商周两代人们的审美观念的殖替，正所谓"透物见人"（图5-1）。

图 5-1　青铜嵌绿松石兽面纹牌饰
夏代晚期

陕西商周两代青铜器的造型与装饰的完美结合，构成了独具特色的陕西青

① 庞熏琹.谈装饰艺术［A］//北京工艺美术出版社.工艺美术文选［C］.北京：北京工艺美术出版社，1986：1.

② 张如画.装饰艺术与材料情结［J］.长春大学学报，2005，（3）：88-91.

③ 邵大箴.装饰艺术和装饰艺术家［J］.装饰，1988，（2）：46-47.

图 5-2 何尊 西周成王

铜文化艺术。装饰的运用，增加了器物造型的完整性，加强了器物的审美效果。陕西青铜器的装饰工艺充分展示了我国古代工艺美术的技术美，而它的表现形式也多种多样，具体可分为平面纹样装饰、立体雕塑性装饰、刻符文字性装饰和色彩性装饰等四种，共同组成了陕西商周青铜器美伦美奂的装饰效果（图 5-2）。

第一节　平面线性纹样装饰

平面纹样性装饰，即青铜器表面表现出的阴线或阳线勾勒出的装饰纹样图案。[①] 这种纹样的线条或纤细如发，或粗犷似浮雕，一般和器物在同一平面上，或略高于器物表面，所以学者常称之为"平面纹饰"。青铜器纹样对于形成青铜器的精神内容和艺术特色具有至关重要的作用，它赋予青铜器以意识形态的意义。

这种纹样性的装饰是用线条作为纹样的造型手段的。线是平面构成中三大要素之一，线在几何学上是一个看不见的实体，它是由破坏点的静止状态而产生的，是点在移动中留下的轨迹[②]，是从静到动的一步。与点和面相比，线的装饰性是最突出的。线条的存在形式极其丰富，有直线、曲线、长线、短线、粗线、细线、软线、硬线等。在描绘图案的形象和渲染艺术效果方面，线条也有着丰富广泛的表现力。例如，线的等距离排列可形成面的感觉；线的不规则排列可形成起伏波动的感觉；等等。由于用笔的方式不同，也会产

---

① 闫婷婷.西周时期中原地区青铜器鸟形装饰研究［D］.陕西师范大学硕士学位论文，2012.
② ［俄］康定斯基 W. 点线面——抽象艺术的基础［M］.上海：上海人民美术出版社，1988：24，25.

生不同形态的线。例如，线运用效擦等技法可以表现对象的结构，明暗虚实关系，同时富于装饰效果。可见线的变化非常丰富，自然界中的任何一种形态都可以通过线而确定下来。所以线的装饰性最能表达设计者的思想感情，也是装饰造型的重要手段。[①]

　　商周青铜艺术也正是以线性纹饰来弥补青铜器的单纯体块特质，而用线纹表现物象的骨气和生命运动则是中国造型艺术共有的特征（图5-3、图5-4）。[②]

　　图5-3　庚父己甗　西周早期　　　　图5-4　交龙纹甗　春秋早期

一、陕西地区史前时期的平面纹样装饰

　　线条的装饰性早已为我国史前时期的先民所认识。在远古时代的岩画创作中，史前时期的先民已开始尝试运用线条来造型，刻画出了多种动、植物的形象，虽然稚拙简单，但这些线条闪烁着质朴大气的光彩，不失单纯之美。[①]在新石器时代陶器彩绘中，多以直线、折线、波线、三角线等组成带状纹样，表明当时的人们已能够熟练地运用线条来表现各种装饰图案，进而表达出他们

————————————

① 卢杰. 略论线在古代装饰中的运用 [J].临沂师范学院学报，2003，（2）：115-117.

② 张子中. 商代青铜文化与身体直接感觉 [J].求是学刊，1999，（2）：100-103.

图 5-5　人面鱼纹

的思想情感和审美情趣，如陕西西安半坡仰韶文化遗址出土的人面鱼纹（图 5-5）。[1]

鱼和人面纹结合，轮廓共享，抽象的线条简洁明快，眼睛仅以横短线表示，脸部也概括成圆形，简单的直线、弧线和块面可用毛笔勾画或平涂，相当生动和简练。主题人物则用较粗的线或面表现成为纵式，这与用细横线表示的水纹形成了鲜明的纵与横、粗与细的对比。这些纵横相连的线条与简洁鲜明的人物形态完整地记录了"渔猎时节，人们为祈求取得更大量的生产物而以图画表示自己的心意"[2]或"原始人类集体捕鱼的生动画面，极富生活情趣"[3]。彩陶盆中的纹样，尽管表现手法显得有些简单，但那鲜明纯朴、变化统一的人物与对比而调和的线条，再现了原始人类纯真的激情与欢乐的情怀，也充分体现了原始先民们对美好生活的追求和向往。

新石器时代彩陶的装饰纹样的描绘笔法，已经有粗细、长短、方圆、刚柔、曲直、长短和疏密的变化，使之形成了不同的方、角、圆的外形，纹样中的线用笔流畅自然，笔锋尖利而有弹性。[4]

这些熟练的技术为商周青铜器装饰纹样的制作奠定了技术基础，陕西青铜器上许多华丽的纹样，正是线条在雕刻工艺上的应用和发展。但和原始社会彩陶纹样的线条所表现的轻松自由不同，青铜器上的装饰纹样的线条却表现出了

① 吴山.中国新石器时代的陶器装饰艺术［M］.北京：文物出版社，1982：图版 3.

② 中国科学院考古研究所等.西安半坡——原始氏族公社聚落遗址［M］.北京：文物出版社，1963：182.

③ 傅军.论原始彩陶纹样艺术的缘起与发展［J］.内蒙古师范大学学报（社科版），2000，（5）：99-103.

④ 卢杰.略论线在古代装饰中的运用［J］.临沂师范学院学报，2003，（2）：115-117.

一种沉重、精细的风格，这一方面是社会形态发展的使然，一方面也体现了装饰艺术的进步。

二、陕西地区商周青铜器上的平面纹样装饰

陕西地区的商代前期青铜器纹样比较简单，流行的主要是一种单层的线刻花纹，纹饰结构严谨，有的凸起成为阳纹，有的凹下成为阴纹。[①] 在同一纹饰中，阴线、阳线互补，相映成趣，所表现出的线条有粗有细，有的纹样简洁明快，有的细密繁缛，多呈带状（图 5-6 ～图 5-8）。

图 5-6 云雷纹扁足鼎 商代早期

图 5-7 卧虎方鼎 商代中期

商代后期，出现了更为繁缛富丽的复层花纹（俗称三重满花），也就是在凸起的主纹上，加刻阴纹装饰线，在主纹下又刻以细密的云雷纹作地纹，使整体花纹显现出丰富的层次变化。[②] 有学者推测，这种云雷地纹是在制模的过程中铲除地子时留下的刻纹痕迹，经匠师巧妙处理，将其规整化为精细的花纹，构成

---

① 陈红梅.云南大理白族银器艺术研究［D］.昆明理工大学硕士学位论文，2009.

② 包燕.三星堆器物坑青铜器与商代中原青铜器的比较［D］.山东大学硕士学位论文，2009.

图 5-8 交龙纹方壶
春秋早期

了富于表现力的装饰形式，而且青铜在冶炼过程中具有微微膨胀的特点，使得其中非常细密的花纹得到细腻的表现。[①]这一时期的纹样线条变化丰富，组成的纹样布满器身，给人以华丽、威严、神秘之感。装饰的主要纹样在继承商代前期基础上，人面、象、蝉、蛇、鱼、蛙等各种写实的仿生动物纹样也逐渐被艺术匠师所采用。

西周早期沿用了商代后期的纹样装饰，但大多数纹样如饕餮纹、夔龙纹等趋于简化，多用粗犷的短线条组成整体纹样，线条分散而不乱。西周中期，鸟纹更趋于华美，组成纹样的线条圆转流利（图 5-9、图 5-10）。

图 5-9 康生豆 西周早期

图 5-10 弔祖辛爵 西周早期

到西周后期，由宽线条组成的抽象纹样非常盛行，如窃曲纹、环带纹等，均由线条较宽的曲线迂回构成，婉转流畅，富有节奏感。这个时期也流行线条

① 包燕.三星堆器物坑青铜器与商代中原青铜器的比较［D］.山东大学硕士学位论文，2009.

活泼流畅的蛟龙纹和富有生息的写实动物纹样，装饰的趣味浓厚，神秘色彩减退，理性色彩增强。

东周时，由于装饰工艺的进步，在纹样的制作上出现针刻画面，改变了以往在模上雕刻纹样翻范的方法，直接在青铜器表面刻画画面，使青铜器的装饰画面丰满，雕刻精致，结构严谨，比例和谐，内容美、形式美和工艺美得到完美的结合和表现。这种装饰艺术强调用线条勾画出轮廓，呈现出流动有律的线纹，使整个画面产生了强烈的动感，开创了我国装饰设计艺术史上的先河。[①]然而，这时期的陕西青铜器纹样的种类，仍然没有脱离商、西周时代的传统，只是失去了早先的庄严与神秘，表现出富丽与活泼的风格，云纹更为流畅，几何纹样也变化多端。新出现并流行大面积细密的蟠螭纹、蟠虺纹、羽纹和富有生活气息的画像故事类纹样，装饰意味更加浓厚。

由商、周青铜器上的装饰纹样的构成来看，其基本单位是一个 S 状的曲线，看起来很简单，但变化却极其丰富多样。为了适应不同的装饰风格、题材、环境的要求，这一小段曲线或粗或细，或深或浅，或疏或密，或曲或直，或勾连或平行排列，或动或静，有数不清的表现方式。匠师在处理纹样时，注意了线和空间方面的形式美，使得图案凹线和凸线相互呼应。而且很多纹样的线都是既刚且柔，直中有曲，直而不硬；曲中有直，直而不软，显得刚劲有力、圆润流利。特别是商代青铜器上纹样的曲线拐角处往往逆向加上一个小尾巴，这不仅使单位与单位之间有了有机的联系，破方为圆，破静为动，而且使得线之间更加疏密得当。我们今天常用的"形式美法则"在这些纹样上很容易看到，对比与调和、均衡和对称都在纹样上有着鲜明的体现（图5-11）。[②]

图 5-11　令簋　西周昭王

三、陕西地区商周青铜器上平面纹样的组织形式 [①]

总体来说，陕西地区出土的商周青铜器纹样的组织形式主要有四种：适合纹样、独立纹样、连续纹样和绘画式不规则纹样。

适合纹样，主要是依据铜器或铜构件上的人与动物的形象来刻画相应的纹样，使所刻画的形象更为真实、生动，主要运用于商代到东周时期。

独立纹样，也称单独纹样，即在器物的某个部位用一种独立的图案构成的装饰形式，它有两种构图方法，即平衡对称式和旋转式，主要运用于商代到西周前期，以后也有少量运用。

连续纹样，是以某种纹样为单位向上下左右两序排列组合而成，其向左右连续排列的为两方连续纹样，其向四周连续排列的称为四方连续纹样。[②] 两方连续纹样又可分为带形连续纹样和边缘连续纹样。边缘连续纹样是用一个或几个单位纹样组成一个单元纹样，向左右两方反复连续，并布置在中心纹样的周围，这种纹样绝大多数是横式的左右连续，纵式的则极少见。带形连续纹样是

---

① 龙宗鑫.古代铜器上的纹饰结构 [J].文物，1958，（11）：23-27；陈振裕.中国古代青铜器造型纹饰 [M].武汉：湖北美术出版社，2001.

② 陈红梅.云南大理白族银器艺术研究 [D].昆明理工大学硕士学位论文，2009.

以一个单元纹样在长条形的平面上反复连续。这种纹样的组织形式自夏代已开始使用，商、西周、东周都有较多运用（图 5-12）。[①]

绘画式不规则纹样，主要特点是不对称、不均齐、不连续，各部分纹样呈分散的状态，富于绘画风格。这种纹样的组织形式适合于春秋后期出现的画像故事纹。

图 5-12　令方彝　西周昭王

以上几种纹样组织形式是商周青铜器装饰纹样的典型组织形式，它们在每个时代都有不同程度的运用，以下作简要分析。

商代的陕西青铜器纹样的组织形式变化多样，有适合纹样、独立纹样和连续纹样三种。适合纹样，主要用于对一些动物形象的刻画，商代后期运用渐多。独立纹样的运用更为广泛，平衡对称式的独立纹样最为多见，特别适合于兽面纹的形式，以直立状的对称形为主，技法上运用了学者们所称的"整体展开法"或"拆半表现技法"。龙宗鑫先生总结了其组织形式的特点：划分器物的主体为两面、三面或四面（因便于等分柱体，尤其是鼎多为三足、四足，这样划分可以使装饰花纹与造型紧密结合），在每一个等分面里安置一个单位样（如饕餮纹），每个等分面的中心轴同时是装饰纹样的中心点，花纹由左右向中心聚集，形对称直立状。[②] 商代前期到后期的大多数饕餮纹均采用了这种形式，其他的纹

①　闫婷婷.西周时期中原地区青铜器鸟形装饰研究［D］.陕西师范大学硕士学位论文，2012.

②　龙宗鑫.古代铜器仁的纹饰结构［J］.文物，1958，（11）：23-27.

样也有运用这种形式的。①

西周时期的陕西青铜器上各种优美的装饰纹样，其组织形式在继承了商代的基础上有了新的发展，每一种组合形式，既变化多端，又有一定的规律。适

图 5-13　三足鸟尊（乙）　西周中期

合纹样，不仅用于刻画动物形象，而且用于装饰人物形象。例如，陕西省宝鸡市茹家庄出土的西周中期的三足鸟尊②（甲、乙），鸟身上铸出双翅，并通体满饰羽毛纹，使器皿造型与纹样高度统一，达到了较好的装饰艺术效果（图 5-13）。③

独立纹样，在西周早期仍为主要的装饰纹样，兽面纹仍采用平衡对称式的独立组织形式，蟠龙纹仍多采用旋转式的形式。到西周中、后期，一些大凤鸟纹采用了半旋转式的独立纹样组织形式，而新出现的蛟龙纹等采用平衡对称式的构图手法。连续纹样构图方法在西周早期仍有运用，但在西周后期运用更为普遍，仍以二方连续纹样为主，尤以带形连续纹样较常见，有两种骨法布置：一种是散点排列法，如横鳞纹、圆涡纹、"∪"形窃曲纹，以及一些仿生动物纹样等，均采用了这种排列布局方法；另一种是交错、联结（或对称、交换）的方法布局，"∽"形窃曲纹、环带纹等，常用这种方法组成带形两方连续纹样。也有运用四方连续纹样的，如西周早期的乳钉雷纹、西周后期的垂鳞纹等均采用了这种纹样组织形式（图 5-14、图 5-15）。

---

① 雷保杰.商周青铜器的造型与纹饰设计艺术初探［J］.新乡教育学院学报，2009，（4）：97-98.

② 陕西省考古研究所，文物管理委员会，博物馆.陕西出土商周青铜器（一）［M］.北京：文物出版社，1979：142.

③ 杨远.夏商周青铜容器的装饰艺术研究［D］.郑州大学博士学位论文，2007.

图 5-14　兽面纹鼎　商代早期

图 5-15　鄂叔簋　西周早期

　　春秋战国时期的陕西青铜器上的纹样组织形式最为完善，各种形式都有运用。适合纹样仍常运用在一些动物形象与人类社会生活纹样的青铜容器与构件上，这些部件饰有与其形象相应的纹饰。连续纹样运用得最普遍，除二方连续纹样外，新出现四方连续纹样。带形连续纹样的运用仍较常见，如常见的贝纹，即采用了这种组合形式。四方连续纹样则常作为蟠螭纹、蟠虺纹等纹样的组合形式，构成了绵密、烦琐的装饰效果。绘画式不规则纹样是这一时期新出现的纹样形式，它的出现打破了先前谨严的纹样组织形式，对东周活泼灵动艺术风格的形成有重要的作用，是时代发展的要求，所以一经使用，就流行起来。

　　总之，陕西商周青铜器的线性纹样装饰，尽管有的因时代不同而纹样不尽相同，有的因器皿造型有别而所应用的纹样组织形式有别，有的因时间的推移使纹样从较繁复而逐渐向素面转化。但是，当时的匠师们却将青铜器皿的造型与纹样的内容紧密结合，并作出了相应的变化处理。他们在具体运用这些组织形式时，并非截然分开，尤其是东周，常常以某种组织形式为主，巧妙地与其他方法相互配合，使器皿上的纹样成为一个对称均衡的有机的整体，以达到更好的艺术效果。

当然，各种纹样在陕西青铜器上的装饰部位，有一定的规律可循。同一种器皿，尽管装饰纹样有可能不同，但同时代产品的装饰部位一般都是相同的，可见各种纹样的设计与布局，是匠师们预先考虑而后精心制作的。[①]

四、陕西地区商周青铜器上平面纹样的组合规律

我们经常可以看到，一件青铜容器上的纹样不只一类，它可能是由两类甚至多类纹样题材组合而成的，这就涉及纹样的组合问题。关于纹样组合的研究，最早有高本汉作过尝试性研究。其后马承源先生[②]也对商代青铜器上的神和鸟的组合作过分析，但其目的在于探讨纹样的来源。[③]

20世纪90年代末，王世民、陈公柔、张长寿三位先生在研究窃曲纹时，对窃曲纹的共存纹饰也做过分析[④]，他们的研究虽然很有限，范围不大，但引起了学界对纹样组合研究的重视。近年，岳洪彬先生在对殷墟青铜器的研究中，注意到了各种纹饰间的组合关系，并提出："所谓纹饰组合，就是同一件器物上共存的几种主要纹饰的组合"，而且"在同一时期、同一器类或用途相似的器类上，保持着相对的稳定性"[⑤]，这样，他不但提出了纹饰组合的概念，而且也总结了殷墟青铜器装饰纹样组合的某些规律。受以上学者的研究的启示，我们对商周不同时期的典型青铜容器的装饰纹样组合作了粗略统计、分析，发现不同

---

① 杨远.夏商周青铜容器的装饰艺术研究［D］.郑州大学博士学位论文，2007.

② 马承源.商代青铜器纹样的属性溯源［A］//马承源.中国青铜器研究［C］.上海：海古籍出版社，2002：39-412.

③ 闫婷婷.西周时期中原地区青铜器鸟形装饰研究［D］.陕西师范大学硕士学位论文，2012.

④ 王世民，陈公柔，张长寿.西周青铜器分期断代研究［M］.北京：文物出版社，1999：191.

⑤ 岳洪彬.殷墟青铜器纹饰研究［A］//中国社会科学院考古研究所夏商周考古研究室.三代考古（三）［C］.北京：科学出版社，2006：418.

时代的纹样组合有着大致相似的形式，也就是说，同一时代不同器物上的纹样组合的基本形式都是接近的（图 5-16、图 5-17）。①

图 5-16　兽面纹盘　商代中期

图 5-17　蝉纹盘　西周早期

商代前期的陕西青铜器纹样组合形式逐渐走向了复杂、成熟，而且特征非常鲜明。商代后期的纹样组合极为复杂，岳洪彬先生对其作了详细分析，他重点对鼎、斝、爵等几种典型器物不同时期的纹样组合情况作了分析。②

西周早期，陕西青铜器上的纹样组合基本继承了商代后期的规律，多有云雷纹地，组合形式以饕餮纹 + 鸟纹 + 其他、饕餮纹 + 夔龙纹 + 其他、饕餮纹 +

① 闫婷婷. 西周时期中原地区青铜器鸟形装饰研究 [D]. 陕西师范大学硕士学位论文，2012.

② 岳洪彬. 殷墟青铜器纹饰研究 [A] // 中国社会科学院考古研究所夏商周考古研究室. 三代考古（三）[C]. 北京：科学出版社，2006：420-422.

蕉叶纹（内填蝉纹、夔龙纹）、夔龙纹＋涡纹等较为常见。西周中期纹样的组合出现了显著的变化，饕餮纹逐渐减少或退居足、耳等次要位置，以回首长尾凤鸟纹＋其他、顾首夔龙纹＋其他等组合形式较为流行，有的仍有云雷地纹；新出现瓦纹＋窃曲纹或重环纹（横鳞纹）的组合形式，不见地纹，影响了晚期的纹样组合。西周晚期青铜器上的纹样组合，基本上由窃曲纹、瓦纹、环带纹、鳞纹等几何纹样中的两种或三种组合而成，也有稍为复杂的纹样组合，集多种几何纹样于一身。

　　春秋早期，青铜器的纹样组合沿袭了西周晚期的风格，除素面者外，最为流行的基本组合仍是窃曲纹＋其他，复杂的组合也见窃曲纹＋环带纹＋蕉叶纹＋其他，这个时期出现了窃曲纹＋蟠螭纹的新组合。春秋中期，常见蟠螭纹（或蟠虺纹）＋弦纹（或绹索纹）＋蕉叶纹（或其他）的纹样组合形式，逐渐改变了西周晚期到春秋早期以几何纹为主要组合的风格。春秋晚期，这种趋势更加明显，普遍流行以蟠虺纹＋绹索纹＋其他的组合形式，其中南方的铜器多装饰较为细腻精美，北方的则略显粗疏（图5-18、图5-19）。

图5-18　兽面纹牛首尊　商代早期

图5-19　方罍　西周早期

战国早期，流行绚索纹＋蟠螭纹（或蟠虺纹）＋蕉叶纹的纹样组合形式，但在不同的地区，纹样组合有不同特征，战国中期则流行蟠螭纹（或）＋云纹（弦纹或绚索纹或贝纹）＋其他、绚索纹＋其他等纹样组合形式。到战国晚期，随着青铜器的衰落，青铜器上的装饰纹样组合除沿用以前的组合外，多为素面或弦纹＋其他的组合形式。

以上我们对陕西地区商周不同时代青铜器上的纹样组合的规律作了粗浅总结，总体来看，同一时代器物上的纹样组合有一致性，这也是每个历史阶段青铜器装饰风格形成的重要因素之一。稳定的纹样组合特征，是一定阶段艺术风格的物化体现，正是这种不同阶段的纹样组合的规律，表现出了不同时期的艺术风格。

第二节　立体雕塑性装饰

雕塑是以雕、刻、塑，以及堆、焊、敲击、编织等手段制作三维空间形象的美术。[①]

现有研究资料表明：圆雕、浮雕和透雕（镂空雕）是其基本形式，且其在青铜器的装饰艺术中都有广泛运用。

圆雕，也称立体雕塑，它是和被表现对象相似的、占有空间的实体构成的雕塑个体或群体，是在各个可视点都能感到其存在的可视实体。青铜器的圆雕性装饰主要有各种仿生鸟兽尊、卣、斝等器物和一些青铜器的鸟兽形盖钮、兽形耳、支足等附件。这种立体雕塑作为器物装饰的表现形式在古代和独立的圆雕长期并存，相互影响，产生于史前新石器时代，历经夏商周的不断发展，到战国时期达于高峰。[②]

浮雕，只有一个面向（观赏面）的雕塑形式，通常是指有一块底板为依托

---

① 陈红梅.云南大理白族银器艺术研究［D］.昆明理工大学硕士学位论文，2009.
② ［美］巫鸿.谈几件中山国器物的造型与装饰［J］.文物，1979，（5）：46-50.

的，占有一定空间的被压缩的实体所构成的雕塑个体或群体。浮雕中表现的型体和底板平行的二维尺度长宽的比例不变，只压缩型体的厚度。压缩的原则是将型体用透视的规律，按比例近高（厚）远低（薄），在限定的空间（厚度、深度）内，表现出更大的型体。浮雕的底板作背景处理，可加大作品的空间深度。浮雕按压缩的程度，可分为高、低、薄三种。高浮雕型体较厚，压缩比例不大，如青铜器上伸出器表的牺首、龙首、羊首、鸟首等。低浮雕型体薄，压缩比例大，如一些青铜器表面的龙、虎的躯体和一些主体花纹等。薄浮雕利用极薄的空间塑造型体，几乎和底板成一平面，常见运用于青铜器表面的一些主体花纹（图 5-20、图 5-21）。

图 5-20　兽面龙纹鼎　西周早期　　　　图 5-21　兽面凤纹鼎　西周早期

透雕，也称镂空雕，是指去掉底板的浮雕。在青铜器装饰上也常有运用，早期多运用于器物的足部，春秋战国时期，常见运用于部分器物的盖、耳等部位作为附饰。

雕塑的产生和发展与人类的生产活动紧密相连，同时又受到各个时代宗教、哲学等社会意识形态的直接影响。当人类还生活在天然岩洞中，需要与威胁生命的野兽做斗争的蒙昧时期，就已经知道敲打石头，并把它磨制成锐利的武器或割削工具，进而运用审美意识和智慧把一些可利用的物体雕磨成脱离实用的装饰品，以至成为单纯的雕塑作品，如在陕西何家湾和新石器时代文化遗址中，都发现有距今五六千年的石雕、骨雕、陶塑、人像和女神彩塑头像等。史前雕塑是在人类对自然力的崇拜和对动物的崇拜，以及描绘人类本身的过程中逐渐认识世界的一种反映。伴随着人类社会的发展，雕塑艺术愈来愈证明它是时代、思想、感情、审美观念的结晶，是社会发展形象化的历史记载，是一代一代人向往追求的体现。

图 5-22　兽面纹罍　商代中期

雕塑在夏代以后的青铜器装饰中运用相当普遍，与青铜器的造型、纹样性装饰形成了有机结合，是青铜器装饰艺术的重要组成部分，圆雕、浮雕和透雕的形式在商周青铜器装饰中均有不同程度的运用（图 5-22）。①

一、陕西地区商代青铜器上的雕塑性装饰

商代前期，是对雕塑性装饰的探索时期，匠师开始尝试运用浮雕形式装饰青铜器。饕餮纹的双睛是最早采用浮雕的装饰部位，眼睛是心灵的窗户，古代的匠师为着力表现兽面纹的形象，对饕餮纹的眼睛作了特别刻画，运用浮雕的形式突出了双睛的位置，展示着它的威严不可侵犯，也似乎透过双睛注视着你的一举一动。

镂空雕的装饰形式在商代前期青铜器上的运用还较简单。在觚、尊、罍、盘等器物的圈足部位常有十字形、方形镂孔，可能是和铸造技术有关或是由于

---

① 陈红梅.云南大理白族银器艺术研究［D］.理工大学硕士学位论文，2009.

铸造需要而形成的[①]，但经过匠师的巧妙处理，十分对称、规整，形成了具有镂空雕特征的装饰。对于十字形镂孔，一些国外学者也指出："不会简单的只有某种实际用途，而是另有装饰性目的。"[②]

此外，盛行于商周时期的镂空扉棱性装饰也在商代前期出现。扉棱的出现可能和铸造技艺有关，是在合范铸造青铜器的过程中。[③]铜液透过范缝溢出，匠师将其加以利用，经过修整，雕刻成钩状、云状等美丽的附饰，有的纤巧规整，有的粗犷外伸，夸张了造型效果，对于器物的影像有非常重要的补充作用。

商代后期，青铜器的雕塑性装饰在继承前期的基础上，圆雕、浮雕、透雕的形式运用更为普遍、更为成熟。浮雕的形式在大多数器物上都有运用，主要运用于器物的主纹、牺首和兽首、耳等，其中器物的主纹多以低浮雕、薄浮雕的形式表现，颈、肩部的牺首和怪兽多用高浮雕的形式表现，集、耳的兽首多用薄浮雕的形式表现。

圆雕形式的运用更加广泛和成熟，主要有两种形式，一种是附加于青铜器上的圆雕动物形象，另一种是独立的圆雕青铜器。[④]前者或施加于青铜器的盖上成为捉手或钮，独立的圆雕青铜器，主要为鸟兽尊、觥、卣等，尊有鸮尊、象尊、豸尊等，卣有鸮卣、人卣等，觥有四足觥和圈足觥，它们均是仿动物造型而设计的青铜器，形象都非常生动，大多采用了圆形和浮雕加线刻相结合的方式来完成，常融汇多种神灵于一体，构成复合主题造型，同时开创了集现实描写与浪漫想象，以及图案化装饰于一体的先秦雕塑常用的造型手法。

如前面提到的象尊，主体造型相当生动写实，四足和长鼻都很粗，厚重而

① 郭宝钧. 商周铜器群综合研究［M］. 北京：文物出版社，1981：125.
② ［美］艾兰. 龟之谜——商代神话、祭祀、艺术和宇宙观研究［M］. 汪涛译. 成都：四川人民出版社，1992：99.
③ 包燕. 三星堆器物坑青铜器与商代中原青铜器的比较［D］. 山东大学硕士学位论文，2009.
④ 闫婷婷. 西周时期中原地区青铜器鸟形装饰研究［D］. 陕西师范大学硕士学位论文，2012.

结实，一长鼻高扬过顶，非常有力地反卷呈 S 形，动态十足，极似象在仰鼻长啸。此外，作者又在其周身用浮雕和圆雕相结合的手法刻满夔龙、凤鸟、蟠螭、虎等立体纹样和云雷纹等平面纹样，这种超越现实的细部刻画，使完美的象尊整体造型既显得高贵华丽，又同样充满了神秘的色彩。

镂空雕的形式也有了进一步的发展。这个时期，器物上的扉棱装饰多较规整，但布局形式多样化，有一段的，主要在器物（爵较多见）腹部饰有扉棱；有两段的，主要布局为腹部和圈足两段，也见颈和腹部的两段布局形式；有三段的，最为常见，在器物的颈部或肩、腹部和足部；有四段的，主要是一些带盖的器物，加上盖上的扉棱。这种扉棱状装饰，不论几段，从上到下都对应在一条直线上，十分整齐划一，有些伸出器口外，稍显乖张，烘托着器物的造型。

二、陕西地区西周青铜器上的雕塑性装饰

至西周时期，雕塑性装饰在青铜器装饰上的地位更为显著。浮雕性的装饰和商代后期一样，在大多数器物上都有运用，主要运用于器物的主纹、牺首、和兽首里、耳等，薄浮雕和高浮雕的形式都较多见，而且常常结合运用。但西周青铜器上的浮雕装饰有了新的创造，如清道光年间在陕西郿县出土，藏于国家博物馆的西周著名青铜器天亡簋（又称"大丰簋""朕簋"）（图5-23）。

图 5-23　天亡簋　西周

该簋是研究西周早期历史的重要文物，同时是西周铜器断代的标准器。器物肃朴庄重，内底有大篆铭文8行77字，周身饰以卷体夔纹，宽厚流畅，

单纯而又富于装饰性，和商代的直线为主的纹饰具有不同的审美效果。①

圆雕形式的装饰有了更进一步的发展，主要表现在圆雕的题材更为广泛、刻画更为精细，这在附件性圆雕和独立圆雕的青铜器中都有鲜明表现。附件性圆雕，主要是将盖钮或捉手、耳、足的支柱等用鸟兽的造型加以表现，既具实用性，又起到了强烈的装饰效果。①这些圆雕的形象主要有鸟、鸡、熊、虎、龙、牛、怪兽和人形等，所刻划的形象和动物形体较为相近，加深了写实的程度，如陕西省宝鸡市茹家庄出土的西周中期的车铵、舞人等，形象十分生动（图 5-24、图 5-25）。

图 5-24　车铵　西周　　　　　　　　　　图 5-25　舞人　西周中期

研究资料显示：鸟形尊盖为圆雕鸟形，鸟有冠和肉髯，尖咏、圆目、双翅微张，曲爪，作伏卧状，鸟颈下饰羽纹，翼为单线纹，翼下至尾部饰云纹。①鸟形尊两足为两个半蹲的裸体人，光头，曲肘架于腿上，手拢膝，身前倾，背负器身，双足叉立。独立的圆雕青铜器，所仿动物造型取材更为广泛，有虎、象、牛、驹、羊、鸟、鸳鸯、鸭、兔、鱼、人等。

① 闫婷婷.西周时期中原地区青铜器鸟形装饰研究［D］.陕西师范大学硕士学位论文，2012.

西周早期的作品继承了商代复合造型的特征，到西周中、后期才形成了自己的风格，倾向于写实手法，所刻画的动物形象比例准确，多生动传神，图案化的装饰意趣也大为减弱。有个别圆雕造型融合了多种动物的形象，造成了"似而不似"的艺术效果，如1988年11月在陕西省宝鸡市茹家庄一处西周晚期的窖藏内发现的西周中晚期的鱼尊。

相关研究资料表明：该尊通高15厘米、宽28厘米，重1.1千克，通体作鱼形，鱼身肥硕，形象逼真，躯体下有四个人形足，通体浅雕鱼鳞纹。鱼口微张，下唇口沿处有一直径为0.3厘米的穿孔，两侧鱼鳃上各饰一简化窃曲纹。鱼背上有长7厘米、宽4.6厘米的长方形口，上置盖，盖上有扁平鱼脊形钮，钮两面各装置一小铜环，铜环甚精巧；钮两侧盖面上各有一浅雕鱼纹，边沿各有一龙纹，两龙头在盖体前部边沿交汇。利用鱼腹下的鳍巧妙地做成四个双手捧腹，弓腰屈膝，呈背负鱼状的人形足，其一足从器内壁可看出有明显的补铸痕迹，人口呈闭合状，头上无发，其余三个形足的人口大张，双目圆睁，头上有发。鱼尾下半部有两道镂孔（图5-26）。

图5-26　鱼尊　西周晚期

这些动物的躯体都基本不作过多雕饰，而体现出了块面的夸张和简括抽象的造型风格。

西周时透雕在青铜器装饰中仍有运用，技术有了进步。1961年陕西省西安市张家坡砖厂青铜器窖藏出土的青铜豆[①]，其柄部采用透雕环带纹的形式作装饰，

---

① 郭宝钧.商周铜器群综合研究［M］.北京：文物出版社，1981：59.

图 5-27　青铜豆　西周

镂空随着纹样的走动回旋婉转，线条疏朗条畅，相对于商代后期的透雕来说较为粗犷大气。另在陕西省岐山县董家村也出土有透雕的豆[①]，圈足以镂空夔纹为饰，玲珑剔透，风格和前者相同（图5-27～图5-29）。

图 5-28　透雕龙纹匕　西周早期

图 5-29　兽面纹斗　西周早期

扉棱性装饰在西周前期仍有较多运用，但和商代纤细规整细腻的作风不同，所表现出的风格多较粗犷、有动感。例如，清道光间在陕西省眉县礼村出土，现藏国家博物馆的西周康王时期的著名铜器大盂鼎（又称廿三祀盂鼎）鼎足上的扉棱（图5-30～图5-32）。

三、陕西地区东周时期青铜器上的雕塑性装饰

春秋战国时，青铜器上的雕塑性装饰的运用仍很突出，尤其随着铸造工艺的进步，透雕装饰的运用表现得更为淋漓尽致。浮雕形式的装饰继承了前期的

---

① 岐山县文化馆，陕西省文管会等.陕西省岐山县董家村西周铜器窖穴发掘简报［J］.文物，1976，（5）：26-44+96-98.

图 5-30　大盂鼎　西周康王

图 5-31　史速角　西周早期

图 5-32　晨肇宁角　西周早期

特征，仍主要用于器物的主纹、盖钮、耳、足等部位，主纹多用薄浮雕的形式，盖钮、耳、足等多用鸟兽首作高浮雕装饰，所浮雕的形象有龙、虎、鸟、兽等，刻画形象均较写实。

春秋战国时期陕西青铜器上的圆雕形式装饰风格也表现了这一趋势。附件性的圆雕动物形象均较为写实，与器物的造型形成了巧妙结合。这种多种雕塑形式的运用，不仅丰富了器物的造型，也使器物的装饰变化多端、更具观赏效果。因为失蜡法的出现和广泛运用，透雕的装饰形式有了巨大进步，青铜器的装饰效果更加精美。例如，曾侯乙尊盘上所饰的透空蟠虺花纹，玲珑剔透、密而不乱，也和器物上的其他圆雕兽、龙等装饰更为和谐，将镂空雕的装饰艺术表现得更为完美、更加繁丽奇巧（图 5-33 ～图 5-36）。

图 5-33 蔡侯鼎 春秋晚期

图 5-34 蔡侯盥缶 春秋晚期

总之，雕塑性装饰，不仅丰富了青铜器的造型艺术，也是陕西商周青铜器装饰艺术的重要组成部分，它和青铜器的纹样性装饰相辅相成，为我们展现出了独特的青铜文化艺术。

图 5-35　错金龙耳方鉴　战国中期　　　　图 5-36　错金蟠龙纹方罍　战国中期

第三节　文字性装饰

青铜器在过去，最为学术界关注的内容就是其上的铭文，因为它有重要的"书史"性质，为古文字学者、考古学者、历史学者提供了重要的研究信息，学者们也大多热衷于对这些特殊文字的考释，毋庸置疑，这些文字确实为我国古代历史的研究提供了重要帮助，并且取得了重要成果。但谈到青铜器装饰艺术的时候，我们认为这些文字，尤其是一些器物表面的铭文，除了它本身的纪念"书史"性质外，它也是青铜器装饰艺术的重要组成部分[①]，许多铭文同样具有强烈的装饰性（图 5-37 ～图 5-39）。

图 5-37　太保戈　西周早期

其实，对于青铜器铭文的装饰性，学者们也早有认识，但均未引起足够重视。郭沫若、唐兰等是最早提出这种看法的学者。郭沫若先生在谈及案书击铭文时指出："凡此均于审美意识之下所施之文饰也，其效用与花纹同。"[②]唐兰先

---

① 杨远.夏商周青铜容器的装饰艺术研究［D］.郑州大学博士学位论文，2007.

② 郭沫若.青铜时代［M］.北京：人民出版社，1954：317-318.

图 5-38　毛公鼎　西周晚期　　　　　　图 5-39　胡锺　西周厉王

生也曾提出："把铭刻作为图案或夹在图案中间，或写成带图案意味的鸟虫书及其他形体，以及嵌金银，嵌绿松石，也都为的是美观的目的。"[①]近年，随着青铜器相关课题研究的扩展，越来越多的学者对铭文的装饰作用作了肯定。陈志达在探讨妇好墓青铜器的装饰艺术时，特别指出："少数铜器的铭文却铸在壁面显露部位，像是经过精心设计的。"[②]李先登先生对春秋时期到战国时期青铜器铭文的装饰作用作了肯定，他指出："许多铭文已成为器物表面装饰的一部分。此时美术字体也兴起了，例如南方吴、越、徐、楚地区流行的鸟虫书即在文字笔画上附加鸟形装饰，或整体作鸟形，更增强了铭文的装饰效果。"[③]这种铭文（或刻符）性装饰是在继承史前陶器的刻符基础上发展起来的，有着深厚的历史渊源。杨晓能先生最近也提出："（商周青铜器上的）有些图像既可作为图形文字又可

① 唐兰.铜器［J］.文物，1952，（4）：92-98.
② 陈志达.妇好墓青铜器的装饰艺术［A］//《中国青铜器全集》编辑委员会.中国青铜器全集（二）［C］.北京：文物出版社，1997.
③ 李先登.夏商周青铜文明探研［M］.北京：科学出版社，2001：179.

作为铜器装饰，继承了史前传统。"① 过去学者多从文字学的角度对史前陶器的刻符作系统的分析研究，我们认为史前陶器刻符同样具有美化陶器的作用，也就是具有装饰性。在青

图 5-40　变形兽面纹盘　西周晚期

铜器上使用这种文字性装饰，就目前资料显示，最早见于商代前期。这个时期的青铜器铭文发现较少，且有铭者也很简短，一般为一两个字，多被认为是族徽。这些铭文，多数图画性很强，是在继承陶器刻符基础上发展起来的图形文字，有的刻于器物显著位置，起到了装饰器物的作用（图 5-40）。②

以戈簋为例，其颈部饰有一"戈"字③，是典型的象形文字，从图案特点和图形特征看，具有强烈装饰效果，"戈"字或可作徽记（图 5-41）。

图 5-41　戈簋　西周

西周时期，陕西出土青铜器的种类和数量都大大超过了商代，铭文也发生了很大变化，主要是字数逐渐增多。出现了鸿篇巨制的铭文，内容十分广泛，有册命、赏赐、志功、征伐、诉讼及颂先扬祖等，其史料价值非常重要，正

①　杨晓能. 商周青铜器纹饰和图形文字的含义及功能［J］. 文物，2005，（6）：72-81.

②　杨远. 夏商周青铜容器的装饰艺术研究［D］. 郑州大学博士学位论文，2007.

③　陕西省考古研究所，文物管理委员会，博物馆. 陕西出土商周青铜器（二）［M］. 北京：文物出版社，1980：181.

如郭沫若所讲："在其进化的第二阶段有书史的性质，此性质以西周遗器为最著。"[①]这些铭文虽也大多刻于器物内壁或底部，但因多鸿篇巨制，并不是很隐蔽、不易发现，铭文虽长，但多注意谋篇布局，加上铭文本身的书法艺术美，对器物光洁素朴的内壁也起到了一定的装饰作用。[②]

例如，1970年陕西省乾县薛禄镇出土，藏于陕西省历史博物馆的西周晚期器物车鼎。通高37.7厘米、口径35.3厘米、腹深18.8厘米，重12.5千克。体呈半球形，窄平沿，口微敛，口沿上一对立耳，圜底三蹄足。口沿下饰两道弦纹（图5-42）。[③]

图 5-42　车鼎　西周晚期

图 5-43　史墙盘　西周中期

1967年于陕西省扶风县庄白村出土，现藏陕西扶风周原文物管理所的史墙盘[④]，铭文刻于盘内腹底部，18行284字，几乎占去底部所有面积，且铭文布局严谨，笔画粗细均匀，首尾如一，字体端庄，笔势柔和圆润，极富装饰意味（图5-43）。

① 郭沫若. 青铜时代［M］. 北京：人民出版社，1954：317.
② 杨远. 夏商周青铜容器的装饰艺术研究［D］. 郑州大学博士学位论文，2007.
③ 陕西省考古研究所，文物管理委员会，博物馆. 陕西出土商周青铜器（二）［M］. 北京：文物出版社，1980：154.
④ 陕西周原考古队. 陕西扶风庄白一号西周青铜器窖藏发掘简报［J］. 文物，1978，（3）：1-18+98-104.

　　同样，这种铭文的装饰作用，也用于部分器物的外壁十分醒目的位置，装饰意图更为明确。例如，1976年12月陕西省扶风县庄白村一号西周青铜器窖藏出土，陕西省周原博物馆藏的十三年兴壶。[①]通高59.6厘米，口径16.9厘米。腹围108厘米，腹深44厘米，重2 600千克。长颈，扁腹，龙首衔环，颈饰凤鸟纹，盖缘和腹部饰鳞纹，盖顶饰长冠凤鸟，圈足饰波曲纹。盖樽和颈外壁用11行56字铭文点缀装饰，改变器口外常用纹样（环带纹）装饰的单调感，同时又与颈部的鸟纹和腹部简洁的十字络纹相呼应，使整个器物装饰极为简洁流畅、和谐统一。[②]

　　相关研究资料表明，该铭文大意为：十三年九月戊寅日，父陪同在成周的师徒逯宫入见周王，接受命服的册赐。此壶为懿王十三年铸器。兴壶器型较大，造型既庄重又简明大方，花纹既古朴又富于变化，开创了西周晚期纹饰变革的先河。铭文工带典丽，线条柔和圆润，充分体现了西周中期的书艺水平。再加之该器保存完整，黑漆固光亮如新，因而被定为国宝（图5-44、图5-45）。

图5-44　十三年兴壶　西周　　　　图5-45　三年（兴）壶　西周中期

　　到了东周，王室权力衰落，列国青铜器物增多，器物制作与西周相比，已

①　陕西周原考古队.陕西扶风庄白一号西周青铜器窖藏发掘简报［J］.文物，1978，（3）：1-18+98-104.

②　杨远.夏商周青铜容器的装饰艺术研究［D］.郑州大学博士学位论文，2007.

趋简率。铜器上有铭文的较少，无铭文的很多，铭文一般都很简短。春秋早期的铭文与西周晚期铭文很相近，从书法风格上有时难以判断出两者之间的差别，列国间的金文也都相差不远。春秋中、晚期到战国时期，各地文化的迅速发展，影响到青铜器铭文的制作，出现了带有地域色彩的青铜铭文，这时期铭文的装饰意图则更为突出，艺术设计者采用了多种形式来加强铭文的装饰效果，具体表现在以下三个方面：一是青铜器的铭文刻于器外者显著增多，强调装饰作用。郭宝钧先生也曾作过总结："凡这些铭文一般都在器壁外，为人目能见，人手能接触到的地方。"[①] 根据目前考古发掘的资料，这种于器物外壁刻铭的青铜器在这一时期所占比例比以前有所增多，在许多地方都有发现。它们的铭文或刻于颈部，或刻于肩部，均十分醒目，特别是战国时期的许多器物多朴素无纹，这种铭文起到了强烈的装饰效果。二是设计者通过对书体的象形变化增加装饰效果，追求图案化的装饰目的极为明显，使青铜器的装饰内容具有了更为丰富的表现形式。正是这种千姿百态的鸟虫书造型，使陕西青铜器的铭文装饰变幻多姿、丰富多彩。三是在铭文上加以错金、银，这类铭文大都在器物的显著位置，起到了明显的装饰作用。外部边框也用错银镶边，和素朴无纹的壶体形成了强烈反差，更加突出了铭文的装饰效果。

总之，青铜器上的铭文装饰有着深厚的历史渊源，它始自商代前期，历经商代后期、西周、春秋早期的发展，到春秋中、晚期和战国时期达于繁盛，是青铜器装饰艺术的不可忽视的重要组成部分，犹如器表的雕刻主题和纹样，这些铭文同样刻意求功，字里行间洋溢着书者对文字艺术化的执着追求。[②]

第四节　色彩性装饰

商周青铜器上的色彩性装饰比以前有了更大进步，主要表现在采用了多种

① 郭宝钧.商周铜器群综合研究［M］.北京：文物出版社，1981：160.
② 杨远.夏商周青铜容器的装饰艺术研究［D］.郑州大学博士学位论文，2007.

工艺（前已述及），运用了绿松石、玛瑙石、漆、锡、金、银、红铜等多种具有不同色彩的材料装饰青铜器的图案花纹、铭文等，或作为装饰底色。这些原料大都色彩亮丽、极为贵重，而青铜器本身的色彩较为灰暗，这样容易形成鲜明的色彩对比，不仅使青铜器的色彩产生了瑰丽多彩、美轮美奂的变化，也更加彰显出青铜器的高贵，这种装饰的意图也和商周时期的等级色彩观念相一致（图 5-46～图 5-49）。

图 5-46　杜虎符　战国早期

图 5-47　敦　战国

图 5-48　甗　战国晚期

图 5-49　镶嵌几何纹方壶　战国晚期

关于各种原料运用于青铜器装饰的工艺方法和产生的色彩变化，前文已叙，此不赘述。

　　综上所述，商周时代的艺术设计者在铸造青铜器时，常融多种装饰工艺于一体，为我们展现出了丰富多彩的青铜器装饰艺术形式。平面线性纹样、立体雕塑、铭文、色彩等不同的装饰形式，都体现着商周时代艺术家对美的规律和形式的认识和准确把握，也从中展现着时代的审美趋向。线性纹样最为复杂、多变，而采用雕塑手法形成的立体的牺首、鸟兽装饰等，则展现了各类题材的局部或完整形象，铭文以其独特的书法艺术特征对青铜器装饰具有重要的点缀、补充作用，色彩性装饰则为青铜器披上了华丽的外衣。它们遥相呼应，形成了丰富多彩的青铜器装饰艺术（图 5-50～图 5-55）。[①]

图 5-50　象鼻形足方鼎　西周早期

图 5-51　凤鸟纹盉　春秋早期

图 5-52　秦公簋　春秋早期

图 5-53　秦公簋　春秋中期

---

① 杨远.夏商周青铜容器的装饰艺术研究［D］.郑州大学博士学位论文，2007.

图 5-54　秦公鼎　春秋早期　　　　图 5-55　几何纹鼎　春秋晚期

第六章
陕西青铜器
设计手法

第一节　将实用器皿赋予精神内涵

将农耕自然经济中最为重要的容器发展演变为原始宗教崇拜的精神偶像。进入父系氏族社会，父子相承的世袭制度开始逐步形成，到盘庚迁殷以后，这时的氏族部落已进化为国家，定邑建都，商王"自盘庚徒殷，至封之灭，二百七十三年，更不徙都"，这些史料的记载已得到了殷墟大量出土实物的证实，由于国家的形成，农耕定居在生产资料得到基本保障时，统治者就需要一种以反映思想意识为主要目标的精神活动来统一人们的思想，而这种精神活动在新的青铜材料，以及铸造冶炼技术的发明与应用的经济基础之上，体现在原始农耕自然经济中最为重要的东西——食用容器的造型之上，并通过这些视觉造型反映出原始、神秘、恐惧、祈咒的情怀。殷商时代去原始社会不远，这种精神活动仍脱离不了原始巫术的魔力，故而，氏族图腾仍是国家的标志，始祖的族群酋长就成为上天的使者，占卜成为一切行动的指南，专职巫师成为王者思想传达的媒介，原始农耕社会最为重要的东西——食用容器便成为精神崇拜的偶像，从而，器物崇拜阶段便成为中国宗教尚未产生前的历史发展中的一个独特的阶段（图 6-1、图 6-2）。[①]

第二节　依精神要求进行实物创作

以圆雕式的手法，在不脱离器皿造型基本条件的前提下，按照祭祀的精神要求，进行单件作品的创作。

学者们在研究人类文化演进时，多借助于一些未开化原始性部落的原始生活方式与思维方式。人们看到希望能捕捉到猎物的原始人，为了实现其

---

① 岳钰. 论商周青铜器造型设计艺术 [J]. 西北美术，1989，（3）：117-133.

图 6-1　伯矩鬲　西周早期　　　　图 6-2　伯格卣　西周早期

愿望而颂念咒文，举行必要的仪式，联想商人的祭祀实际上也可能相同于原始人的咒术仪式。因此，商代工匠在制作"有首无身，食人未咽""身多毛，头上戴豕，贪如狼恶"的恐惧而神秘的魑魅魍魉形象时，并不仅是作为观赏者而来看这些器皿的。他们在制作以前或把器皿作为崇拜对象，举行咒术仪式，也就是说，这些祭器不仅是器皿，而是和商人的祭祀活动结合在一起的，其本身仅是艺术表现形式的一个组成部分。并且，古人在祭祀时对于器皿的陈设排列有着严格的规定，如六尊制度（即牺尊、象尊、箸尊、壶尊、大尊和山尊），这些器物在祭祀大典上可能是唯一的实物偶像，除此之外只有专职巫师是鬼神的代言人，为了符合上述祭祀的主题要求，工匠们创作许多圆雕式的鸟兽形器皿，这些器皿为了突出其原始精神活动的主题，着力刻画和描写表现的内容大多数是借想象以征服自然和对自然力量的幻想之形象化。对造型设计也必须是极为认真而严格的，可能只有当时制器工匠中的高手，才有可能按照专职巫师的描述，集民众头脑中的视觉经验图式，设计创作这种幻想式的形象，既是原始精神崇拜的偶像，就不可能大量生产。因此，这些奇特的鸟兽型尊、兕觥、方彝和动物的造型设计只能是一件作品的创作，当然，它也包括传统的对称观念的一对作品的制作（图 6-3、图 6-4）。[①]

图 6-3　旂尊　西周昭王

图 6-4　旂觥　西周昭王

第三节　融东西风格装饰表现手法

东西方共有的在原始性工艺品中，将所有空白全部填满纹饰的炽热意欲，具体地体现在器型的重叠堆集、图案反复叠杂的表现手法中。

孔子在《礼记·表记》中有对夏商周三代的宗教政事即礼制所做的 不同结论："殷人尊神，率民以事神，先鬼后礼，先罚而后赏，尊而不亲。"孔子对于殷周的了解无疑比汉儒要知道得更多，更可信，按照孔子的说法，殷人是把祭鬼之事放在首位，把朝廷的礼也就是朝政放在第二位，通过这段论述，我们就可理解鸟兽型尊、兕觥、方彝、动物形卣这些"器皿式雕塑"多出现在殷商时代的原因，这些"器皿式雕塑"不光造型奇特，纹饰更进一步突出了其思想内容（图 6-5）。

图 6-5　旂方彝　西周昭王

① 岳钰.论商周青铜器造型设计艺术 [J].西北美术，1989，（3）：117-133.

在原始性工艺品中将所有的空白部分全部填满纹饰，这种炽热的意欲是东西方人所共有的，中国古代工艺品自然也不例外，青铜器出于祭祀的需要，其恐惧、威严的形式造成器型的重叠、堆集，凸凹多变的图案不断地反复重叠地使用，因此，商代末期的原始性工艺品在所有意义上是达到了极娴熟的技术所至，纹饰之上再重叠纹饰，如果不将所有的空白部分填满决不罢休的行为，是欲求欲望的具体化。这样一来，高浮雕式的厚重而繁杂的主体纹饰背后又填上繁杂的雷纹做底纹，整个器皿造型，从上到下通体纹饰，没有重点部位，如果按照图案学的标准衡量，这样就不符合纹饰设计应附属于造型实用功能的原则，但作为精神活动的偶像，则又充分的突出和体现了其艺术创作的主题，这就使得器皿仅是美观而无实用了（图 6-6、图 6-7）。[①]

图 6-6　兽面纹卣　西周早期

图 6-7　凤鸟纹筒形卣　西周早期

第四节　装饰美与功能美有机结合

过盛装饰的应用，使器皿原有的实用功能偏离了其基本范畴。装饰美与功

---

① 岳钰.论商周青铜器造型设计艺术 [J].西北美术，1989，（3）：117-133.

能美两种性能在同一器皿上的比重发生变化，从而使实用功能依附和从属于纹样装饰的要求。

　　容器由陶器时代开始，改变了人类"茹毛饮血"的生活方式，将渔猎时代的烧烤食用方法，发展成为以容器烹煮谷类植物的方法，容器引导了谷物的熟食化，而谷物的熟食化又促使了原始农耕自然经济生产形式的逐步形成，同时，在原始农耕自然经济生产形式中，食用容器成为人类生活中最为重要的东西，青铜器的出现是人类熟食化生产的进一步复杂化和发展升华的必然产物。因此，青铜器造型设计的首要目的还是实用功能（图6-8～图6-11）。

图6-8　守宫觥　西周早期

图6-9　乳钉纹四耳簋　西周早期

图6-10　旅斝　西周早期

图6-11　克盉　西周早期

　　但是，由于殷人对鬼神狂热的崇拜，而且，在这种原始性崇拜之中又逃脱不了经济基础的局限，很自然地把农耕自然经济中最为重要的容器，演变发展成为原始精神崇拜的偶像，这样一来便把青铜器造型设计的首要目的从"用"改变成了"祭"，因而商代青铜器上各种幻想中的反映祭祀、占卜、图腾崇拜等

巫术思想意识的氏族精神崇拜的怪诞造型与纹饰，便早已跳出了器皿实用功能的范围。于是，出发点的改变导致了设计目标的变更，从而，殷商时代青铜器造型纹饰的设计繁杂，与春秋战国时代的复杂华丽的纹饰设计有着本质的不同，商代复杂重叠的造型与纹样是以反映图腾崇拜、原始巫术为主要目的的，因而，器皿造型的实用功能美的部分便完全失去了其主导性地位，而依附、从属于图腾装饰美的部分，所以，我们称这一时期的图案为"原始性宗教期"（图 6-12）。①

图 6-12　兽面纹斝　商代中期

第五节　对称和秩序美为审美意趣

　　对称性和秩序美是青铜器纹饰装饰的主要审美意趣。事实上，如果注意观察，就会发现，对称现象在自然界中比比皆是。从无机界的晶体到有机界的生物，对称性几乎无处不在。对称意味着平衡与和谐，更是一种美。从一定意义上说，对称性便是完美性。人类发现了大自然完美的对称性，尤其是受人体外形的左右对称性这个事实的刺激，于是在实践创造活动中有意模仿，特别是在艺术创作上摹写大自然及自身的对称性，很早就已经达到了相当成熟的程度。所以，中国青铜器纹饰包括陕西青铜器纹饰中的对称性纹样，以及动物纹样成

①　岳钰.论商周青铜器造型设计艺术［J］.西北美术，1989，（3）：117-133.

双成对的出现，如西周时期武王伐纣的见证物利簋，应该都是由艺术的审美取向决定的（图 6-13 ～图 6-15）。[①]

图 6-13 利簋 西周武王

图 6-14 宜侯夨簋 西周早期

图 6-15 𣄰侯盂 西周早期

除了对称美，在对称纹饰的基础上，按照重复式和并列式的方法进行排列，还构成了一种秩序美、章法美。例如，春秋中期的龙纹，在春秋早期的龙纹（中心对称）基础上得到了发展，其龙纹特色为两条或两条以上的小龙相互缠绕，组成一纹饰单元，再重复出现构成带状于器物上，小龙均张开口，上唇有明显上卷，也被称为蟠螭纹。这体现了在中国传统装饰纹样构成中的潜意识，仍是一种"规矩"美学观。它与中国传统文化的核心有着千丝万缕的联系，体

---

① 党蕊. 从青铜器纹饰看中国传统装饰美感 [J]. 四川文物, 2008，（5）: 46-48+3.

现了中国传统文化艺术思维的封闭性、构成上的对称性和互反性。纹样的对称性和秩序性，进一步增强了青铜器作为重要祭祀物应有的诡异感，更有力地加强了一种使人不得不屈服或恐惧的威慑力量。

总之，陕西青铜器上丰富的纹饰，使青铜器这一深沉巨大的造型赢得了一种震撼人心的美学效果，也体现了中国传统纹饰独特的装饰美感。在我国美术创作受到西方现代文化冲击时，我们应该从美学价值取向，以及文化精神出发，更加深入地研究中国传统装饰，并深刻地体会其自身的审美价值（图 6-16 ～图 6-18）。①

图 6-16　几何纹匜　春秋中期

图 6-17　蟠螭纹盨　春秋晚期

图 6-18　蟠蛇纹盘　春秋晚期

第六节　陶范模制导致高浮雕装饰

单一青铜材料冶炼技术产生初期阶段，陶范模制的生产方式，局限决定了殷商青铜器高浮雕式的表现手法。人类对形体的加工方法，是从用双手或使用

---

① 党蕊. 从青铜器纹饰看中国传统装饰美感 ［J］. 四川文物，2008，（5）：46-48+3.

简单的工具单纯地加工原材料的时代，转变成为众多的人供给物品的形式，而人类对材料的掌握便成为将一种物质改变成为另一种物质的生产活动，这些都是人类征服自然能力的增强与发展，以及社会自身演进的必然结果。青铜是将矿石熔炼后再加入铅、锡使其改变成为合金性质的物体，并用这些材料模铸出具有不同纹饰的各种青铜器皿，可以说这是人类认识自身和征服自然的又一次大胆的实践。青铜器铸造，最初是用石头凿刻凹面，用锤锻造，被称为锤击法，然而，这种方法将人类的造型欲望禁锢在规范的形体之中，为此，人类又发明了用黏土制作范模，这样便可以制作复杂的器皿造型，将许多块陶范组合起来便成为一个模，这就是合范法，这是商和西周广泛使用的铸造方法。正是由于这种冶炼技术的产生，才有可能将人类原始崇拜的精神要求予以实现，否则，用陶器或其他材料就很难使那些魁魅蛆陋的形象具有厚重的感觉，另外，也正是陶范模型才使得人类的造型历史步入可塑的空间（图 6-19）。[①]

图 6-19　兽纹罍　西周早期

　　商代模范的制作都是先用黏土捏制一个实心的胎，也就是先做"器皿式雕塑"，成型后烘烤硬化，再在上面分模制范，范模使造型的可塑空间根据制作者的创作欲望而自由地驰骋，变更了石雕模子原有的规范空间，因此，在这种冶炼工业发展的初期阶段，高浮雕式的"器皿式雕塑"和合范法的铸造手段，以及表现咒术祭祀、原始图腾崇拜的思想意识相结合，便产生和决定了殷商时代青铜器型设计艺术的圆雕式形体处理和装饰繁杂通体纹饰的艺术特点。[①]

① 岳钰. 论商周青铜器造型设计艺术 [J]. 西北美术，1989，（3）：117-133.

第七节　技术推动青铜器造型丰富

图 6-20　带流觚
商代早期

冶炼、加工等技术的多样化，繁荣、发展了春秋战国青铜器皿的造型设计内容。春秋战国青铜器造型设计艺术从商代的"器皿式雕塑"、周代的崇礼尚德分等划级的礼器中脱颖而出，在日趋商品化的过程中，其造型简洁，器壁薄而玲珑，实用功能美突出，符合人体工学的标准。纹饰也与以前不同，由纯色进入彩色的世界，华丽而堂皇，虽无原始宗教的恐惧与神秘，但又有南楚神话中怪力乱神的舒展飘逸之感，对如此变化起决定作用的还应是经济基础中冶炼加工等技术方面的进步（图 6-20 ～图 6-22）。

图 6-21　兽面纹斝　商代早期

图 6-22　黄君孟豆　春秋早期

一、批量生产式的造型

春秋战国的青铜器，追求精雕细刻的效果，这是这一时期的特征，蟠缠纠结的新形象，无疑是受到了南楚地方性文化的影响，但这种影响的源头又可追溯到殷商时代的中原文化。因此，春秋战国时代的陕西青铜器造型的形式就与殷商时代的情形非常相似，为了适应日益精微的构图，人们无法在一个微小的区域内使图像达到完全形象化的效果，这就使纹样发生了新的结构变形。而且，商品经济批量生产的要求，也使精细的雕纹为了适应比以前扩大了的消费者的需要，就得加快生产速度。因此，印模制范的新方法就解决了这个问题，印模制范的新方法还决定了春秋战国时代纹饰上下左右四方连续的风格，造型精细、繁杂而通体纹饰的细密形式。[①]

二、玲珑剔透的造型

在陕西地区春秋战国的陕西青铜器中，镂空处理方法也是这一阶段造型的一个突出特色。合范法给我们所呈现的商周青铜器的造型特点是纯厚而古朴的风格，而失蜡法给我们所呈现的春秋战国青铜器的造型特点则是玲珑剔透的风格。所谓失蜡法，就是用蜡制模成型再用黏土制范，这样便可不用分模，一次成型，当炼好的铜铸入范模之内，蜡便熔化流出，这样的制作技术，就使得器皿造型可创造出别于以前的镂空纹饰处理，花纹既精细又光滑，层次感也很强，由于原材料的节省，又使得器皿造价降低而符合商品经济的要求，这种方法现在在世界上仍被应用于精密铸件的铸造技术之中（图6-23）。[①]

图6-23　郮子宿车盆　春秋早期

三、主、附件组合的造型

陕西地区的春秋战国青铜器皿，作为日用商品，它的造型设计组合意匠又有了很大的发展，商周时期青铜器用浑铸法铸造，即分范组合一次性铸造，后

---

① 岳钰. 论商周青铜器造型设计艺术［J］. 西北美术，1989，（3）：117-133.

来又创造了分铸部件后再与主体一次铸成的方法，而春秋战国时代的铸造方法，则应用了更符合批量生产的焊接方法，它是先将器皿主体做模制好，然后再将许多部件焊接组合而成，这种方法的特点是：一是可以在主体造型之上创造可塑空间，如豆等。二是许多容易组合但不容易铸造的造型出现，如方壶、八角壶等新的造型。[①]

四、不同肌理的造型

春秋战国时期陕西青铜器造型纹饰已经有了不同肌理对比美的设计意识，在这一阶段的器皿中，可以看到许多镶有绿松石、红玛瑙等材料的器皿，这种技术的最早起源，曾在商代二里头四号坑发现的中圆形镶嵌铜器上，但使这种造型手段以及审美意识普及而兴起的原因，应归结到春秋战国文人士大夫的"五色成文"的观念和阴阳五行的思想之上。总之，在单纯的青铜器图案的单一色彩中，加上了许多珍贵而华丽的质材，无疑是一次装饰审美意识的巨变，而这种华丽、精细的装饰又依附于洗练的造型，于是便完成了设计艺术的实现和统一美与用两种价值的技术过程。[①]

五、不同色彩的造型

作为金属的金、银、铜三种元素是同一种质材，而金、银、铜三种色彩则又是各有特色，这种设计艺术材料学的特点，在春秋战国时代青铜器造型设计艺术中反映得极为透彻，金银错的工艺制作方法，不能不说是春秋战国时代的一大发明，这是将铸造、雕刻、镶嵌、磨错技术混合应用的一种新技术，它在平面的造型中，用不同元素的金属材料，相互对比相映生辉，使较为高级的器皿更加富丽堂皇，将周代以器皿铭文区分社会阶级的方法，用珍贵的材料反映

---

① 岳钰.论商周青铜器造型设计艺术 [J].西北美术，1989，（3）：117-133.

在器皿装饰的视觉图像之中，使日用器皿在商品价值性突出的前提下造型有了新的变化。[①]1965 年陕西省咸阳市出土，现藏陕西咸阳博物馆的错金云纹鼎，高 14 厘米，口径 12.1 厘米（图 6-24）。

图 6-24　错金云纹鼎　战国

1975 年出土于陕西省西安市南郊北沈家桥村，现收藏于陕西历史博物馆的战国时期至秦朝的青铜器杜虎符，长 9.5 厘米，高 4.4 厘米，厚 0.7 厘米（图 6-25）。

图 6-25　杜虎符　战国

还有 1974 年袁仲一先生在陕西临潼秦始皇陵封土西北不远处发现的秦代乐府钟，此钟通高 13.3 厘米，鼻形纽，有错金蟠螭纹、流云纹、错银云纹、阳线云雷纹饰于钟上。纽部刻有"乐府"二字，可见秦代已经设有乐府机构。现收藏于秦始皇帝陵博物院，是陕西出土的最具价值的国宝之一（图 6-26）。

---

① 岳钰. 论商周青铜器造型设计艺术 [J]. 西北美术，1989，（3）：117-133.

图 6-26 秦乐府钟 秦代

虽在地下埋藏了两千余年，出土后钟体上金银错的花纹却清晰而完整，显示出豪华典雅的风范。钟的钲部和鼓部为错金蟠纹，篆间及钟带为错金流云纹，钟带为错银流云纹，不同的纹饰相间排列，相互衬托，更显示出外形的精美。钟的内侧还有细如发丝的阴线云纹，我们以往发现的编钟内壁均为素面，不装饰花纹，而这口乐府钟内壁却刻有阴线云纹，在考古上极为罕见。那么如此精美的纹饰，是怎样制作的呢？

相关研究资料表明："秦乐府钟采用的是嵌错结合工艺，就是在铸造好的钟体上用金银丝镶嵌成花纹，然后把器表磨光，使花纹清晰，线条鲜明。铸造如此纤细的花纹，一是制模不易，二是烧铸时铜斗的温度难以掌握。若温度偏高容易把横的纹路冲垮，偏低则铜斗流动不畅，花纹铸不完整。"此钟的花纹基本完整、清楚，令人惊异，充分显示了秦代高超的青铜冶铸水平和工艺水平，为进一步研究古代金银错及镶嵌工艺提供了珍贵的实物资料。

该器器身表面布满金光闪闪的嵌金勾连云纹，随部位纹饰也有变化。口沿嵌饰一周勾连云纹，四棱两侧各饰一道对角勾连云纹，颈部腹部均饰大型的斜方格勾连云纹，纹饰中间形成一条中轴线，左右两边花纹对称，圈足面上四面也是对称的几何形色连云纹。其构思巧妙，设想精心，纹饰繁缛而有条有序，是一件精美的艺术实用器。

六、胎、表不一的造型

鎏金是春秋战国时期青铜器设计制造工艺的又一大发明，这是将一种比青铜更为昂贵的金属——黄金与水银熔化蘸以其他附属材料的涂镀方法，作为商品，从消费者的角度要求经济、实惠，而从生产者的角度则要求成本低利润高，鎏金涂镀方法就是最好的体现，它既有黄金的高贵之感，又具备青铜器与黄金相比相对低廉的经济性，这样物品的经济性就提高了，使青铜器的色彩更为夺目，不同质材感观的材料涂镀方法从表面上改变了另一种质材的感观，这无疑是由冶炼技术的发展所决定的（图 6-27 ～图 6-29）。①

图 6-27　冬鼎　西周穆王

图 6-28　圉方鼎　西周早期

图 6-29　攸簋　西周早期

由于以上六种新的造型手段的出现，就使得在意识形态变革的反作用下，在经济基础的决定性变革之中，青铜器造型艺术有了很大的发展。

① 岳钰.论商周青铜器造型设计艺术［J］.西北美术，1989，（3）：117-133.

第七章
陕西青铜器
设计思想
及当代价值

第一节　陕西青铜器设计思想

中国古代的文献典籍中包含着丰富的设计思想。《尚书》提出设计者要"百工惟时，抚于五辰"（《尚书·皋陶漠》），即根据五辰、四时的运行规律进行设计的原则。帝王礼服的形制、纹样要顺应天命，即所谓"天命有德，五服五章哉"依天子、诸侯、卿大夫、士、庶人的不同等级分别裁制；帝王服饰要以"日、月、星辰、山、龙、华虫作会；宗彝、藻、火、粉米、黼、黻，绿绣，以五彩彰施于五色"（《尚书·益被》），对帝王服饰上的纹样、色彩搭配有具体明确的要求。先秦典籍中也有大量关于不同地域物产的记载：如扬州"厥贡惟金三品"，青州"厥贡盐稀"，徐州"厥贡惟土五色"等说明早在远古时期，人们在选材造物时已经注意到材料的地域性差别，因地取材进行设计。中国古代也相当重视工匠的社会职责"官师相规，工执艺事以谏"（《尚书·脱征》），既要求设计师们不仅要参加劳作，还要积极参与进谏，为官府出谋划策（图7-1）。[①]

图 7-1　邓仲牺尊　西周中期

《周易》"取象比类""观物取象"的思维方法对中国古代艺术设计影响很大。中国古代器物造型的基本构成规律，即"象天法地"的原则就出自《周易》"观物取象"的思维方式。先秦诸子的论述中也有大量关于设计思想的论述。老子

① 许大海.汉代艺术设计思想要义［D］.苏州大学博士学位论文，2005.

的"道生一，一生二，二生三，三生万物。万物负阴而抱阳，冲气以为和"
（《道德经》四十二章）的宇宙生成思想，改变了先秦以来空间观念中的神秘
思想。它使人们认识到自然不是神秘的，而是由一些具体元素，如阴阳等构
成的。这种设计观念的变化可以在春秋、战国时期造型、装饰风格中神秘主
义逐渐褪色中窥见端倪。孔子的设计思想则是通过对"仁"这一基本命题的
揭示，吸纳忠、义、智、信等具体要求，以钟、鼎、玉、帛等具体器物的物
化形式反映的等级规范实现的。建立器物的道德价值评判体系，反映"礼"

图 7-2　伯雍父盘　西周穆王

和社会秩序的要求，这是中国古代艺术设计所遵循的一条重要原则。中国古代的器物设计，常常根据器物的组合、使用数量、装饰纹样、色彩等的不同标准，区分使用者的身份、地位、等级的尊卑（图 7-2）。

墨子是古代著名的思想家、设计家。他的设计思想是为其政治主张"兼爱""非攻""节葬"服务的。墨子可以为了实现信仰，不顾个人安危，带着他的设计作品和公输盘论战。他的这种行为代表了中国古代文人的品质。墨子注重器物的实用功能"故圣人之为衣服，适身体，和肌肤而足矣，非荣耳目而观愚民也。"（《墨子·辞过》）强调器物以实用为主，反对文采美饰、华而不实的东西。《考工记》是先秦工匠们在长期的设计实践中对艺术设计的原则、制作工艺、工序、技术标准等进行思考的成果。它的贡献主要表现在三个方面：首先，界定了"百工"定义，"国有六职，百工与居一焉……审曲面执，以伤五材，以辨民器，谓之百工"。其次，提出了天时、地气、材美、工巧的中国古代设计四原则。最后，它严格规范了艺术设计中的技术标准，为中国古代艺术设计的科学性奠定了基础（图 7-3、图 7-4）。

图 7-3　伯庸父盉　西周中期偏晚　　　　　图 7-4　伯多父盨　西周中期

纵观陕西青铜先秦青铜艺术设计思想，可以得出三条基本规律。

1. 器物设计与生产方式相适应

物质生产方式、社会制度的变革会引起器物形态的变化。大机器生产和手工生产代表着两种不同的生产方式，而这两种不同的生产方式下的设计需求、目标及制作工艺有明显的不同。

2. 器物设计与文化内涵的一致

在一个社会中，文化的构成要素是相互联系、互相制约的，文化内涵的变化会相应地引起器物相应含义的改变。商周时代的青铜设计非常发达，它们具有很多共同的特点，但也有明显的不同。由于商人更重视鬼神的作用，它们的青铜器设计主要是用作通神敬鬼的工具。而周代的青铜器设计则以其完备的列鼎制度，展示了"礼制教化"的文化内涵。

3. 器物设计与科学技术相同步

艺术设计中的新材料、新工艺、新技术总是与科学技术的发展紧密相连的，新的科学技术、工艺改进、新材料的运用都会带来相应的设计观念的改变，艺术设计的变化成为科学发展的风向标。[1]

---

[1]　许大海.汉代艺术设计思想要义［D］.苏州大学博士学位论文，2005.

第二节　陕西青铜器当代价值

一、陕西青铜装饰艺术对自然的态度及其当代文化价值

装饰行为是人类的一种先天性欲求，发展至相对成熟阶段，便转化为社会文化现象。青铜装饰以其自身的文化品格，通过视听、触摸等感官系统将文化艺术化，从而形成由多种形式法则所构成的装饰艺术。青铜装饰艺术传统是中华民族传统文化的构成要素之一，它以物质的或非物质的形态构成了艺术发展史的主线，也记录了一个民族的历史经验；作为民族文化发展进步的标志，不仅可以通过遗存的装饰艺术作品来确定历史文化形态，而且可以以此为主要参照系和行动指南，引导当代乃至未来的文化发展走向。青铜装饰艺术的形式语言，积淀着人类的知觉（以视知觉为主）经验，它以符合形式法则的美的符号刺激人们的感觉系统，它的变化往往会直接导致人的知觉经验的变化。因此，陕西青铜文化的意义渗透于整个社会活动的方方面面，它不仅以表层的可视的装饰艺术品给人们带来感观满足，而且其作用力会形成精神上的审美场，使社会行为因装饰而加深文明程度。

人类对人与自然和人与社会的关系的认识，总是带有认识水平与实践水平的历史局限。当代国际社会已逐渐向信息化时期过渡和转型，人类对客体世界的认识经过漫长的历史探索最终回归到对自我的认识上。在这一过程中，交织着对物性的追索与羁绊、对人性的领悟与束缚，人与自然的关系已由独断专横走向寻求和谐，在摇摆中交错推动人类文明的前行。而人的情感世界也在实践与认识的过程中，努力找寻真正属于自己的价值归宿。约翰·奈斯比特认为，当代的发展内涵已不再只是一些数字的积累，人与自然的生态关系已经成为文明发展的重要参照值。科技的作用被重新估价，新信息时代的技术并非绝对的和万能的，它的成败取决于高技术与高情感相平衡的后果，而带有民族特色的

高情感的传统度量已经根深蒂固，高科技的公制也没有充分的理由去改变它（图7-5～图7-7）。[①]

图7-5 北子鼎 西周早期

图7-6 成王鼎 西周早期

图7-7 伯冬饮壶甲 西周穆王

这里所说的"平衡"，就是对"度"的把握，丧失了这个"度"的平衡，就会把高技术有效的意义逆转成为毫无情感和审美价值的单纯物质追求。中国装饰艺术

①　[美]奈斯比特 J. 大趋势——改变我们生活的十个新方向[M].梅艳译.北京：中国社会科学出版社，1984：243.

传统在哲学思想上始终以强调和谐为主线，重视人与自然、本质与外表等关系之间的平衡。对"度"的把握，是其重要的当代文化价值之一（图 7-8 ～图 7-13）。[①]

图 7-8　蕉叶纹觚　西周早期　　　　图 7-9　兽面纹觚　西周早期

图 7-10　历季尊　西周早期　　　　图 7-11　历季卣　西周早期

① 曹林. 中国装饰艺术传统及其当代文化价值［D］. 中国艺术研究院博士学位论文，2005.

图 7-12　兔纹觯　西周早期　　　　图 7-13　凤鸟纹觯　西周早期

　　陕西青铜装饰艺术传统从一开始，就对装饰的目的性进行探究。无论装饰的手法与种类有多么繁复，它的深层追求目标就集中在控制平衡关系上——装饰纹样中阴阳关系的度，装饰形象多与少的度，人与自然相统一的度，等等。人们一方面努力把生活环境处理成赋予自己理想和情感的适宜状态；一方面又尽力控制人为因素对自然所施加的影响的度。"度"是某种性质所达到的量，《说文·又部》："度，法制也"，用来测量厚薄、广狭、高卑的尺寸，也有法则和标准的含义。作为动词，它还有渡、过、越的意思。"适度"在中国传统哲学和美学理论中与中正、中庸的观念相关，它也是一种心理界线，用以衡量"文"与"质"的盈损。孔子在《论语·雍也》中所说的"质胜文则野，文胜质则史"，就是论述装饰艺术如何把握度的问题。缺少纹饰和色彩就会偏于粗野鄙陋，而虚张拥塞的表面艳丽则趋于矫饰和轻浮。孔子既反对"文胜质"，也不赞成"质胜文"，他主张不偏不倚的平常之理、中庸之道，推崇"文质彬彬"这种适度而和谐的审美境界（图 7-14）。

图 7-14　波曲纹杯　西周中期偏晚

　　先秦时期的多位思想家对装饰都有不同理解与阐释，从不同侧面共同奠定了中国艺术精神的传统基础。但他们都多少带有一些片面倾向，唯独孔子所提倡的"文质彬彬"，点明了艺术之形式与内容高度统一的理想境界，它既是装饰艺术的审美尺度，也是陕西青铜文化装饰艺术的一种审美理想。从本质上看，所谓装饰，就是要解决物质由表及里的美化问题，《慧琳音义》曰："在外谓之表，在内谓之裹"，《说文·衣部》曰："装者，裹也。"孔子的"文""质"理论，从根本上解决了装饰行为所带来的"本质美"与"外表美"的矛盾，只有做到文与质完美结合，才能达到"饰"与"质"相和谐、表与里相一致、实用与审美相统一。陕西青铜装饰艺术传统是传统文化精神的具体表现，它基本贯穿于中国社会文化的主体，充斥于生活的各个方面，涵盖精神与物质双重领域，涉及多个学科门类，仅按一般造型艺术的规律进行研究，就难以把握如此庞大的文化体系。所以，研究陕西青铜文化装饰艺术的产生和发展，要结合社会生产力的发展状况，还要在传统哲学与美学理论上追本溯源，挖掘其思想根源所在。可以说，文质彬彬不仅是中国装饰艺术传统的审美理想的典型概括，也是渗透在中国民族文化性格中的基本成分，对当代社会发展依然具有指导意义。一以贯之的文化精神是民族性格得以形成的内在基础，尤其是那些具有悠久历史的民族文化体系，对其个体成员所施加的影响是深刻而专断的；其审美价值和审美标准转化为一种社会化的力量，灌输给每个个体成员，从而铸就共同的文化性格。这种民族文化性格具有一定的稳固性，它规范着大多数成员的思维模式和活动方式，以思想、言语、行为上的共性形成强大的凝聚力。另外，自然环境、社会体制、生产关系等外在因素，对造成民族文化性格也起着重要作用。装饰艺术在本质上就是人与自然、人与社会相互关系的结果。因此，对这些关系的不同主张，会导致不同的审美倾向。宗白华认为："因为中国人由农业进入文化，对于大自然是'不隔'的，是父子亲和的关系，没有奴役自然的态度。中国人对铜器的使用，不只是用来控制自然，以图生存，人们更希望能在每件用品里面，表现出对自然的敬爱，把大自然里启示着的和谐、秩序，它内部的音乐、诗，表显在具体而微的器皿中。"[①]没有中国先贤追求适度中正的哲学理念、文质彬彬的文化精神，就不可能产生自然和谐、源远流长的装饰艺术传统。民族文化性格对艺术创作能产生十分强烈的影响，那些经典的装饰艺术品上往往散发出民族文化精神的光芒，它们携带的民族文化性格基因，是跨越时空的不朽价值之所在，也正是当代文化价值之所在（图7-15）。[②]

图 7-15 班簋 西周穆王

中国社会目前正处于工业化向信息化转型的过渡时期，随着改革开放的力度进一步加大，西方的各种文艺思潮纷至沓来。就装饰艺术和艺术设计领域来看，主要影响来自于现代主义和后现代主义。现代主义设计思想立足于工业化机器加工方式，注重产品的由里及表的功能性，认为装饰带有对表面涂脂抹粉的性质，故而采取抵制的态度；而后现代主义的推崇者，则打着兼收并包的旗号，借用计算机等科技手段，把传统装饰纹样从原有的附着物上抽离出来用于艺术设计，力图建立一种传统与现代相结合的形式语言；另外，相对独立的装

① 宗白华.艺境［M］.北京：北京大学出版社，1986：207.
② 曹林.中国装饰艺术传统及其当代文化价值［D］.中国艺术研究院博士学位论文，2005.

饰性绘画，也明显受到现代与后现代造型基础理论系统的影响，从创意动机到画面经营再到表现方法，全方位地反映了视觉传达范畴的基本特性。[①]

图 7-16 兽纹胄 春秋晚期

总之，尽管当代中国装饰艺术仍然拥有自身的生存空间，但它的文化意义已经发生深刻变化，传统概念中道德的和哲学的深层意义被冲淡，装饰形象更多体现在悦目性的点缀或实用性的美化上，不论是质还是量，都远没有体现出装饰艺术传统在当代应有的思想价值（图 7-16）。

就某些思想价值而言，传统青铜装饰艺术在经历了近现代的沧桑和洗礼之后，其残留下来的传统价值，尤其是哲学与美学价值，在当代社会仍然显示出相当强的生命力，构成了当代中国社会文化与艺术发展所特有的有利因素。

当代社会思想普遍具有多元取向和广博包容的特征。从艺术设计观念上看，已经开始注意到人与自然、人与社会的和谐，以及创造主体与客体之间的和谐。当代艺术设计与装饰艺术的对立和对抗局面已被打破，两者从精神本质上相互汲取，走向有机地整合。"文质彬彬""恰到好处""天人合一""和而不同"等传统审美境界，体现了一种人与自然之间"度"的把握，在当代，它上升为理性认识的层面，有利于实现现实利益与客体的特质和谐共生，从而产生与时代发展相适应的"新理性主义"的装饰文化形态。此外，传统青铜装饰艺术的手工劳作精神，渗透着温馨的情感因素，在当代仍然具有一定的文化价值。适度保留手工操作的乐趣，不仅能解决工业化社会最为棘手的精神与情感问题，还

① 曹林. 中国装饰艺术传统及其当代文化价值 [D]. 中国艺术研究院博士学位论文，2005.

能把工业生产所忽视的人的情感丰富化，使当代的科技成就与传统的手工技艺活动实现精神上的连接。①

二、陕西青铜装饰艺术传统的文化价值在现当代的转型与表现

近现代以来，中国历史发展受到前所未有的西方文化的冲击。自19世纪下半叶开始，中国不得不向西方学习科技和社会经济制度。

装饰艺术传统的思想价值，在新中国成立以后的相当长一个时期，曾体现出独有的作用。"适用、经济、美观"和"日用品艺术化，工艺品实用化"等指令和口号，作为工艺美术的发展方向，在思想源头上都没有脱离中国装饰艺术传统思想的窠臼。

新中国成立初期，一大批有着各种教育背景和知识结构的装饰艺术家会聚在一起，为勾画新中国的视觉艺术形象、营建新时代的审美场而出谋划策，如装饰设计国徽、政协会徽、十大建筑、元帅礼服、建国瓷、三大勋章等。设计者们不约而同地把目光投向传统文化宝库，以极大的热情从传统哲学、美学中寻求智慧的启迪，从青铜时代的装饰艺术传统中借鉴形式和手段。其中最具代表性的当属国徽的设计创意。由梁思成牵头的清华大学设计小组，设计方案为一个大孔玉璧，中间是一颗大五角星，外围饰有齿轮和小五星；由张仃牵头的中央美术学院设计小组，设计方案是以皇家建筑天安门的形象为中心，上方是五角星，外框以麦穗、齿轮、绶带等为纹饰。当然，最终的确定方案糅合了众家之长。这一设计从整体上看体现了传统审美趣味和时代精神面貌。尽管在形式上依然秉承了方与圆的传统图形格式，运用了像天安门这样帝王象征的标志性符号，但并没有受传统原创形式约束，而是化古为今，真正做到从精神层面承继了装饰传统。另外，绶带装饰和外框边饰还融合了一些西方族徽的形式特点：在图形中有效地借用齿轮这一表征现代工业文明的象征符号，寓意

---

① 曹林.中国装饰艺术传统及其当代文化价值［D］.中国艺术研究院博士学位论文，2005.

着对新时代的发展祈愿。色彩以红、黄、金的极度装饰渲染为能事，营造出富贵堂皇、热闹喜庆的传统气氛。"按照周恩来总理的设计构思，广大设计人员博览传统，探索新中国的建筑与艺术的新形势和新内容，形成了一代设计新风格"①。

这种"新风格"在时代审美需求与装饰艺术传统的对话中形成，其形式语言上节制而又朴素的拼贴和组合，含蓄地创立了新的装饰视觉经验，是对装饰艺术传统吐故纳新的表达方式，体现了装饰艺术传统的延续性和时代价值。②

这一时期的实践体验，恰如其分地反映了社会转型时期的思想状态，在形式上表达了变革过程中的折中主义，也为后来的艺术设计从文化角度看待传统文化符号提供了宝贵经验。站在今天的角度去看，可以发现，做到这一点，在很大程度上并非艺术家们刻意所求，而是与他们在此之前所受到的传统教育有很大关系。②

三、装饰艺术传统的社会功能及其当代文化价值

青铜器艺术属于装饰艺术的范畴，装饰艺术是文化的物化形态，在本质上不同于其他艺术门类。作为上层建筑与意识形态的一部分，它关系国计民生，反映社会文化生活，通过它"可以观世运"（蔡元培语）。装饰艺术不是完全的艺术家的个人行为，它负有一定的社会责任。张彦远认为："夫画者，成教化、助人伦、穷神变、测幽微，与六籍同功。"③中国早期的所谓"绘画"与装饰同为一体，以建筑壁画或器物装饰的形式出现。所以这里所说的"画"，实乃装饰绘画。装饰艺术具有审美与教化的双重功能，既能以美的形式给人以感官享受，

① 常沙娜.《"不惑"之路 [A] // 袁运甫.中央工艺美术学院艺术设计（序言）[C].石家庄：河北美术出版社，1996.
② 曹林.中国装饰艺术传统及其当代文化价值 [D].北京：中国艺术研究院博士论文，2005.
③ （唐）张彦远.历代名画记 [A] // 何志明，潘云告.唐五代画论 [C].长沙：湖南美术出版社，1997.

还能以其真的本质改善社会秩序："故鼎钟刻，则识植魅而知神奸；旂章明，则昭轨度而备国制；清庙肃而鐏彝陈，广轮度而疆理辨。以忠以考，尽在于云台……记传所以叙其事，不能载其容；赋颂有以咏其美，不能备其象；图画之制，所以兼之也。"[①]

装饰艺术的社会功能也是它的实用价值之所在。即使在当代，这种社会功能依然存在。建设一个美好而稳定的社会，首先要有一个良好的社会秩序。而装饰艺术传统最突出的特征就是它的秩序化。作为一项重要的文化资源，它在构筑文明的社会秩序、加强全民道德教育等方面，有不可替代的文化价值。以陕西青铜器为例，它的装饰艺术传统不仅思想上主张适度与均衡，其外在形式感也主要表现为对称与平衡。与此相似，社会生活和科学研究中也在寻找平衡、对称等内在秩序，以追求美的和谐。毛泽东曾在1974年向李政道了解物理学中的对称性，并把这一科学问题引申到人类社会活动上。英文symmetry与汉语的"对称、匀称"具有相同含义，而且还有由这种均衡比例产生的形状美的意思。按照毛泽东的观点，人类社会的整个进化过程，是基于"动力学"变化这个唯一重要的因素。李政道解释说尽管动力学过程没有一个瞬时是静止的，但从整体而言，这中间也有对称性。而对称这个概念绝不是静止的，它要比其通常的含义普遍得多，而且适用于一切自然现象反应过程。社会与自然在这一点上是相似或相同的，人类在自然界中寻求对称的渴望是固有的，与社会的"有序性"要求之间存在一种关联，二者同样是有意义的，而且是均衡的。人类探索自然界对称的内在冲动和建设一个美好的、稳定的社会的欲望是一脉相承的。[②]

也就是说，不论是在科学中探求对称、平衡的奥秘，还是在装饰艺术中表现的秩序形式，都与建设一个美好的、稳定的社会的欲望相一致。装饰艺术的秩序化带有一定的普遍性，而青铜装饰艺术在寻求对称、平衡和秩序方面，尤

① 曹林.中国装饰艺术传统及其当代文化价值［D］.中国艺术研究院博士学位论文，2005.
② 李政道.李政道文录［M］.杭州：浙江文艺出版社，1999：251.

其带有一种文化自觉性。所以，在当今中国社会与文化建设中，发挥青铜装饰艺术传统的文化价值，并非一种强行移植，而是装饰文化自身所具有的秩序化性质之内在要求。

文化的价值通常通过两种现象表现出来：一是"人化"的精神及其产品，二是"物化"的物质产品。其实，这两种现象基本一致，因为物质产品都是人的力量的对象化。人创造了文化，文化也反作用于人。对文化与人之间的互动，以及共生关系的认识与把握，是审视文化价值的一个十分重要的现代视角。

在当今的思想文化建设中，注重道德文化建设是不容置疑的。陕西青铜器的装饰艺术传统经过数千年的发展，不论是"物化"的经典装饰作品，还是"人化"的装饰理念，都蕴含着丰富的道德文化内涵，从视觉和心理两方面为建设当代和谐社会提供文化营养。和谐社会的构建，需要培养有知识、有理性的人，同时，更需要人们具备高尚的道德与丰富的情感。

在今天，弘扬陕西青铜器的传统装饰艺术，不仅是社会发展的客观需要，还具有良好的思想环境氛围。从思想条件上看，中国的现代化实践，是随着20世纪70年代后期开始的改革开放而起步的，并不是建立在对传统文化和民族精神的批判与否定的基础之上，而是基于对社会主义概念的理性审视，新的阐释富有积极的灵活性与建设性。所有制、生产方式，以及流通和分配体制等方面的重新理解与转型，使当今中国社会发生了深刻的变革。人的主体性逐步得到肯定，这也是社会获得充分发展的前提和目的。由此可见，中国的现代化之路，有必要借鉴西方在现代化建设时所形成的工具、制度、语言层面的完整体系，但并不意味着必须复制西方现代化进程的模式，现代化的实现方式有多种可能。这给弘扬传统文化、传统装饰艺术提供了思想条件和环境保证，从根本上解答了在当代社会文化生活建设中，是否有必要和有可能传承装饰艺术传统等诸多问题。①

---

① 曹林.中国装饰艺术传统及其当代文化价值［D］.中国艺术研究院博士学位论文，2005.

当然，青铜装饰艺术不是一成不变的。传统常识与现代常识有很大的不同，现代常识是一种含有科学解释的常识，而现代科学的精神宗旨就在于不断地变化与发展。所以，对现代艺术的理解和认识，也随时代的变迁而变化。20 世纪初，"装饰"被纳入现代常识意义下的美术范畴，早期理论家和教育家，如蔡元培、陈之佛等，都主张现代装饰艺术与工艺美术的一致性，强调其实用需要；50 年代，从教育领域开始，把装饰艺术当作工艺美术的一个分支，强调装饰图案的附属性和美化作用；80 年代，逐步认识并强化它的社会功能，并极力探讨装饰艺术与现代设计之间的区别；20 世纪末到 21 世纪初的这些年，商品经济环境使装饰艺术的合理性得以否定之否定，在多元化的氛围中，装饰艺术被赋予相对独立的存在正当性，古今东西的各种风格被全方位纳入当代装饰范畴，装饰与功能、美化与实用走向新的和谐统一，使传统道德与规则的合理性随着时代的不同而与时俱进。由此可见，中国在五四运动以后所引进的，并不是完全的西方的工具理性，而是建立在现代常识之上的、内容不断变化的现代常识理性。所以，从理性层面判断，当代中国装饰艺术特征注定带有多元化现代色彩，具体表现在如下三个方面。

其一：多元化的当代色彩首先表现在对域外经验和成果的借鉴上。要创造中国当代文化的辉煌、增强艺术原创力，传承固然重要，融合也必不可少。如果只是把装饰艺术传统局限在民俗层次的常识上，而不接受现代文明的洗礼，那只能使文化传统走向封闭而停滞不前，无法形成既有民族性又具时代性的装饰文化。

其二：当代装饰艺术的多元化还表现在它的适应性上。作为一个有生命力的文化现象，陕西青铜器传统装饰艺术的和谐思想与秩序观念，其工艺形式上体现出灵活性和适应性，在当代文化多元化语境下，既能与传统直接对话，又能与西方现代文化相融，并生成异于其他文化版本的独特面貌，进而建构当代中国装饰艺术的美学体系。中国当代装饰艺术在挑战中发展，被赋予现代装饰理念和情感，已开始回归为大众化的准艺术活动。这种适应性在当代商业化平面设计中的表现最为明显。

其三：当代装饰艺术的多元化还体现在新型科技手段的使用上。陕西青铜艺术的传统理论非常重视道德理性，具体说，就是关注现实，注重人与自然、人与社会的和谐关系，而轻视加工生产层面的劳动行为。尽管中国装饰艺术传统中的"道""器"思想表现得极为明显而普遍，但它们总是相对应而存在的，是不可分割的一个整体；从"道""器"观念产生的那一天起，作为"器"的层面的工艺技术从来就没有停止过前进与发展；"道""器"思想其实就是一种秩序观念，是朴素的理论与实践之间的关系。陕西青铜器传统装饰艺术并非一成不变，五四运动以来，人们已经清醒地认识到技术理性的重要性，并开始以含有科学解释的现代常识诠释青铜器传统装饰艺术的历史积淀，从而不断激活其普遍存在的精神价值。尤其在当今，电脑视屏技术所带来的电子阅读方式和网络交流空间，不仅导致当代新人类的生产方式和消费方式发生巨大改变，还开始形成新的视觉习惯和感知经验。一方面，计算机辅助设计与表现手段已被普遍运用，互联网使获取资料和信息传播变得更加快捷，大大促进了装饰艺术的创新速度；另一方面，随着多种软件的开发，一些前所未有的视觉形象通过电脑空间不断涌现，它的虚拟性催生了丰富的空间想象力。同时，视屏阅读方式也要求新的装饰形象，任何一个上网的人都可以享用这些装饰画面，任何人也无法垄断这些信息。①

在 21 世纪，进一步深入探讨陕西青铜文化和青铜装饰艺术传统的特性与规律、挖掘蕴含其中的传统装饰精神，其目的在于守住文化阵地、站稳文化立场，把握自己文化主体性的历史进程，营造新时代的审美场，从而改善生存环境、构建和谐社会，并对世界文化产生真正的影响力。①

---

①　曹林. 中国装饰艺术传统及其当代文化价值［D］. 中国艺术研究院博士学位论文，2005.

文化发展史上的中西殊途，是由于中国文化拥有几千年来形成的坚实稳定而且个性十足的思想基础，对构建多元化的世界文化格局非常有利。当代中国的先进文化，就是指以马克思主义为指导，以培养有理想、有道德、有文化、有纪律的公民为目标，强调民族性、科学性和大众性，是具有中国风格、中国特色的社会主义文化和文明。相对而言，西方的装饰艺术从 20 世纪以来发展较快，理论研究方法和实践表述技术都有重大突破。如何将现代西方装饰研究中的先进经验吸收到中国装饰艺术传统的框架之中，完善中国装饰文化的研究方法和表达方式，是摆在我们面前的新项目。我们要以马克思经济学、哲学、美学为导向，把装饰艺术实践活动作为一个组成部分，放到统一的历史进程中考虑，从而提出并回答如何坚守文化立场、保持民族文化本质、确立发展战略等一系列问题。①

　　从当今社会发展的现象上看，它具有全球化、政治化和产业化特征，在网络技术的支持下，全球经济一体化所带来的文化消费观念得以迅速普及，传统文化体系被平面化，民族品格特色趋于淡化。但是，如果从长远利益来看，要在世界交往中取得竞争优势，只有将国际化与本土化统一起来，把民族个性与现代精神结合起来，才能有效地与现代诸元文化对话和抗衡。陕西青铜文化和装饰艺术传统固有的思想精髓和独特的审美理想，给我们留下一个蕴藏丰富的宝库，是保持民族文化特色的主要因素之一。所以，发掘传统艺术的思想精华，目的在于使之与人类最先进的文明成果相结合，从而遵循和谐思想和秩序观念，产生与时代发展相适应的"新理性主义"的装饰文化形态；并以此文化价值引导、影响今天人们的思想观念、思维方式与生活方式，使中国当代文化逐渐形成自己的面目。①

---

① 曹林. 中国装饰艺术传统及其当代文化价值［D］. 中国艺术研究院博士学位论文，2005.

四、西方现当代装饰艺术理念特点带给我们的几点启示

在全球经济一体化的大背景下，当代中国的装饰艺术传统被纳入一种多元文化语境当中，它自身的承继与发展，以及与艺术设计之间的纠缠，绝非引进哪个单一模式就可以解决。观念的更新对引导艺术实践固然重要，但任何建立在煽情式的民族主义或简单化的拿来主义基础上的新范畴、新概念，都不利于思想的成熟和深刻，反而会造成学术上的浅薄。现代主义也好，后现代主义也好，放在历史的长河当中，都只不过是一条阶段性的分支。装饰风格没有进步与落后的区别，在视觉审美上，现代的流线风格或许不比原始彩陶涡纹曲线更有说服力。现代主义及后现代主义艺术思潮，都是建立在西方的历史经验基础之上的，所以必然产生符合其实践水平的文化走向；而中国的历史与文化背景，必然产生其对自然的认识方法，以及特定社会的结构和文化存在方式。"每一历史时代主要的经济生产方式与交换方式，以及必然由此产生的社会结构，是该时代政治的和精神的历史所赖以确立的基础，并且只有从这一基础出发，这一历史才能得到说明"[①]。[②]

因此，我们必须既认识到当今历史条件下生产方式与以往的不同，厘清装饰艺术传统的当代文化价值；清醒地审理现当代西方文艺理论的某些误区，同时也不是决然对立地排斥。从而对新世纪的跨国际语境下的中外装饰艺术的基本走向作出意向性分析与判断。

工业革命以后，人类社会进入了一个加速发展的时期。在科技的推动下，人类对物质世界的探索不断深入，生产力水平极大提高，同时也带来了与工业化和社会化密切相关的现代主义价值观和审美观。每个社会阶段都有自己的偏执迷信和心灵幻想，现代社会也不例外。西方"功能至上"的现代主义设计观

---

① 中共中央编译局. 马克思恩格斯选集（第一卷）[M].北京：人民出版社，1972：237.
② 曹林.中国装饰艺术传统及其当代文化价值[D].中国艺术研究院博士学位论文，2005.

念，就是建立在以"工具理性"为代表的现代理性化思想基础之上的。[①]一方面，现代主义设计思想超越了手工劳动条件下的装饰艺术传统，其产品不带有任何历史承袭的痕迹，给视觉带来全新的感知经验。现代主义设计注重产品的"形式追随功能"，它们被大批量生产，并且价格低廉，适合广大民众的需求；另一方面，它具有的机械性和排他性，在设计过程中牺牲了民族性和地方性，片面强调形式与产品功能之间的逻辑关系，一味追求共性，因而摈弃传统元素的应用，明显表现出形式的单一性和贫乏的面貌特征。所以，现代主义设计思想很快就遭到消费者的非议。

对现代主义设计思想的抨击，首先从 20 世纪六七十年代发端于建筑领域，进而波及更广泛的艺术范畴。

英国建筑评论家查尔斯·詹克斯在谈到现代建筑风格的衰败时，显得尤其尖刻："很幸运，我们可以时间精确地确定现代建筑的死亡日期，它是被猛击一下后死去的。……1972 年 7 月 25 日下午 3 点 32 分于密苏里州圣·路易斯城死去。"他所说的，是曾在 1951 年获美国建筑师协会大奖的帕鲁伊特·伊戈住宅区，这些被勒·柯布西耶高度赞扬的 14 层板式楼群，具有医院式的整洁结构与外表，是最为典型的、不带任何装饰色彩的纯粹主义建筑。但它们在城市景观、社会治安，以及经济、财政等方面所存在的诸多弊病，也很快显现出来。在那本被称为对现代建筑宣战书的小册子《后现代建筑语言》中，查尔斯·詹克斯对后现代建筑风格大加褒扬，他认为实用不能脱离历史而存在，应在设计中广泛纳入传统风格和民间风格，还要借鉴民族工艺文化和装饰艺术传统，这种借鉴，不仅是形式上的，更多的是艺术和文化精神的借鉴。[②]

---

① ［德］马克斯·韦伯认为，现代性的主要问题是理性化，理性划分为工具理性、历史理性、人文理性。参阅韦伯 M. 学术与政治［M］. 冯克利译. 北京：生活·读书·新知三联书店，1998.

② 曹林. 中国装饰艺术传统及其当代文化价值［D］. 中国艺术研究院博士学位论文，2005.

纵观欧美现当代装饰艺术的发展潮流及其走向，与思想观念相对独立的中国装饰艺术传统相比照，可以发现一些文化重叠之处，会给我们带来一些启示。概括起来，主要集中在以下几点。

第一点：17 世纪以来，西方的近现代装饰艺术在不断地吸收与借鉴东方文化中得以发展。尤其在当代，更加强调对不同文化的兼收并蓄，而反对文化上的排他性。不论是装饰理念还是装饰形式都不断得到丰富和更新，从而在一种良性循环的基础上产生强大的生命力。同样，中国装饰艺术传统也是在不断吸收外来文化的过程中得到发展的。这方面的例证，以佛教的传入而导致中国装饰艺术向诸多方面的发展最为典型。到近现代，中国装饰艺术传统又在与西方文化的冲突中，不断地吸收与融合，使中国当今的社会和文化面貌得以改变。因此，中国装饰艺术传统在 21 世纪的发展，也必将是在全球意识观照下得以开展的，跨文化和跨学科的文化研究将会成为装饰艺术发展的动力。

第二点：一度独步天下的西方现代设计思想，曾以摈弃装饰艺术为己任，使简洁风格走向极端。随着自然科学领域发展出来许多新兴学科、边缘学科，原来的学科划分界限被打破了。不仅如此，当今的自然科学与社会科学、人文学科之间的界限也正在模糊化，在思想上产生不同文化传统和不同学科之间的互相渗透现象，因而出现后现代这个学术话题。中国的装饰艺术、工艺美术和艺术设计，在外延上有很大的互渗性和交叉性，它们共同承担着精神文明建设及和谐社会构建之重任。对于中国文化体系来说，其哲学基础来自中庸之道，强调文质彬彬，是无所谓"前"与"后"的，它是保持装饰艺术根深叶茂的丰厚土壤。所以，中国装饰艺术的发展仍然需要坚持本民族的思想理念，而不是以西方的价值体系作为行动指南。

第三点：西方近现代的装饰艺术和艺术设计观念，在艺术形式上都或多或少地受到东方艺术的影响，特别是中国装饰艺术传统所强调的平面格局，平涂色彩和以线造型等形式和形态上的处理方法。除此之外，更重要的是，后现代主义装饰思想还从更深层意义上特别强调以人为本，与环境为善。中国传统装饰艺术始终贯穿着传统哲学系统，是顺应自然、改造自然的创造性活动：一方面能动地对自然进行美化加工；另一方面，又把人作为自然的成员，在改造自然的过程中认识世界，发展思想，从而改造自身。在当今中国高速发展经济，自然环境面临资源破坏、生态失调等危机的情况下，保护和发扬这些本来就固有的良好传统，就显得尤为重要。

　　第四点：在西方当代社会具有充分合理性的后现代艺术思潮，也包含一些不良的消极因素。例如，它对真理、进步等价值和意义的消解，促使发展中国家产生民族虚无主义和怀疑主义。中国目前正处于深化改革开放的历史转型期，各种外来思潮使人们对崇高、道德、理想等精神价值产生怀疑，面临精神危机和道德失范。所以简单而盲目引进某些极端主张，将会导致严重的社会后果。社会主义物质文明与精神文明建设，是中国当今文明事业的两个最重要组成部分，而装饰艺术传统所独有的审美观和价值观，普遍具有物质与精神双重属性。①

　　所以，中国当代艺术的发展本身就带有某些先进文化建设的表征性，大力弘扬青铜器等传统艺术装饰手法成为一个严肃的项目，它是中国传统文化立足世界、走向世界的根本。①

---

① 曹林.中国装饰艺术传统及其当代文化价值〔D〕.中国艺术研究院博士学位论文，2005.

第八章
陕西青铜器
与当代设计

第一节　传统装饰的形式美对当代设计的影响

"形式美是一种人类的共同点，这种美是人类在几千年的生产劳动实践中，所形成的一种仿佛公理一样的东西。"①形式美法则是形式美所遵循的一些基本规律，包括多样与统一、均衡与对称、比例与尺度、节奏与韵律等，从兽面纹中所体现出来的形式美法则主要有以下几点。

一、对称

对称是图案的形式特征。"当均衡中心两边的分量完全相同时，也就是视觉上的重量、体量等感觉完全相等时，必然出现两边形状、色彩等要素完全相同的情况，也就形成了规则的镜面对称（又称左右对称），这大概是人类掌握得最早的一种均衡规律，可能与人身体的对称形状有关。"②只要对称轴的两边完全相等，就会使人在视觉上产生稳定和安静感，对称是同形同量的组合，体现出秩序和理性。③

二、比例

"当两个比 $a{:}b$ 和 $c{:}d$ 的比值相等时，称这 4 个量 a、b 和 c、d 成比例，记作 $a{:}b = c{:}d$。"④由此可见，比例是一个数的问题。"比例与尺度是一个数的问题，在变化与统一、均齐与平衡、对比与调和诸因素中，几乎在一切秩序的关系中，

① 袁思培.包装设计形式美的研究［J］.包装工程，2003，24（5）：64.
② 诸葛铠.图案设计原理［M］.南京：江苏美术出版社，1990：76.
③ 邓莉丽.商周青铜器兽面纹对现代礼品包装设计的启示［J］.包装工程，2010，（8）：104-107.
④ 舒新城，陈望道.辞海［M］.上海：上海辞书出版社，2000：633.

都存在着一个数的问题，即比例与尺度的问题。"①各部分的比例关系包括整体与局部、局部与局部之间的比例。合理的比例关系体现着一种合乎逻辑的数理关系，这种合乎逻辑的数理关系在实践中是能够符合人们的审美标准的，如著名的黄金比，又如数字比例，"数字比例是指一件设计各个阶段的长度，以及面的分割，都与一个基本数字有关系，不是它的 n 倍，就是它的 $1/n$（n 是可变的整数），是有倍数关系的比例。"②饕餮纹的基本形式正是符合这种数字比例关系的，假设 a 为一个基本单位，对饕餮纹的各个组成部分做简单地分割，则可以找到很多与 a 有倍数关系的线段，这种倍数关系与"数字比例"的形式美法则相吻合。③

其一：多样与统一又称变化与统一，在一个完整的纹样构成里，变化与统一总是共存的。变化的方式有很多，如形的方圆与大小，线的曲直、粗细、长短等，统一即通过一定的形式把这些变化、互为冲突的元素加以整合，互为关系，彼此协调，形成动静结合、消长有序、多样统一的形式美。没有变化就没有发展，没有统一就没有规律与秩序。饕餮纹各个组成元素无疑是富于变化的，如线的曲直，又如饕餮纹各个部位（目、角、耳等）的形状也是不同的，而这些变化的元素又被统一在一个对称、规则的饕餮纹里，这种变化与统一使整个纹样庄重不失活泼，严谨不失生动，堪称形式美的典范。

其二：形式美法则是现代艺术设计遵循的基本法则，兽面纹体现出多样与统一、对称、比例等形式美法则，给人带来视觉上的美感。现代艺术设计中也要注重体现出形式美法则，使设计富有形式美，获得人们审美的认同感。饕餮纹是在远古时期生产力低下的条件下产生的，在新材料、新科技不断涌现的现代社会，实现形式美法则的手法更加多样和富于创造性。例如，除通过点、线、

① 李砚祖.工艺美术概论［M］.济南：山东教育出版社，2002：217.
② 袁思培.包装设计形式美的研究［J］.包装工程，2003，24（5）：64.
③ 邓莉丽.商周青铜器兽面纹对现代礼品包装设计的启示［J］.包装工程，2010，（8）：104-107.

面的变化实现多样统一，还可以运用色相变化的统一方法，以一色或多色来控制主色调，或者利用材料的质地变化形成触觉差异等实现多样统一。

饕餮纹几乎是完全对称的，对称固然有秩序、理性的美感，但缺少一定的变化，难免显得呆板、缺少生气。在现代艺术设计中，如果一味地追求对称是不可取的，均衡也是不可忽略的重要法则，均衡是相对端呈同量不同形或不同量不同形的一种平衡状态，相对于"对称"的秩序和理性，"均衡"则显得活泼富于生气。在礼品包装设计中，均衡意味着感觉上的大小、轻重、质感等相互保持平衡。

其三：通过形的变化以及色相明度的变化使整个设计显示出均衡美。现代艺术设计中还要注意体现出合适的比例关系，除了饕餮纹所体现的数字比例，"黄金比"的运用也是方法之一。艺术作品的设计中合理的比例关系可以通过形的大小、线与面的分割等方法，来体现节奏和韵律是形式美法则的一个重要组成部分，一切不同要素有秩序、有规律的变化均可产生节奏韵律美，现代艺术设计可通过重复形、渐变形或有规律的变化形的应用等一些手法来体现节奏韵律美。[1]

艺术的品种是多元化的，因此艺术设计在借鉴青铜装饰元素中所体现出来的形式美法则时要注意不能生搬硬套，具体问题具体分析，设计出既体现形式美法则，又富有个性的作品。[1]

第二节 陕西青铜传统装饰设计理念对当代艺术设计的影响

前人以其智慧创造和推动中国青铜器走过了一千五百多年的辉煌历程，在当时的历史条件下，青铜器的产生和发展顺应了人们特别是统治阶层精神意识的表达和生活的需求。

① 邓莉丽. 商周青铜器兽面纹对现代礼品包装设计的启示［J］. 包装工程，2010，（8）：104-107.

通过探究青铜器的发展历程和纹饰特征可以看出，在夏商周时期，社会生产力还很低下，人们对自然世界的认识还为肤浅，对各种不可知物象充满敬畏和幻想，将神灵作为精神思想的依托。而青铜器开始的主要社会功能是作为祭祀礼器，随着社会生产力的发展，青铜器的作用逐渐转变为实用器，纹饰寓意也发生变化，从早期的图腾标记，发展到后来的对神灵的崇拜、对王权的象征、对丰登平安的祈求及避邪意愿，再到后来的对人们生活中的事物的描述，以及对生活的贴近。虽然青铜器纹饰作为古代艺术作品比起现代似乎有些简洁，但在意识表达和艺术欣赏上并不比现代逊色。

故而，陕西青铜器纹饰不仅反映了当时人们的政治思想、意识形态，还展现了青铜器纹饰艺术，充分体现出了华夏民族的智慧才艺，是古代美学艺术的典范。青铜纹饰不仅展现了青铜时代的科技水平、工艺制造和审美趋向，还折射出时人的政治思想、人文风貌等深层文化内涵，体现了华夏民族的创作智慧，是中国古代工艺的杰出典范，对商周青铜器纹饰的研究，可以对现代的艺术设计起到很好的借鉴意义。①

在 21 世纪，进一步深入探讨陕西青铜文化和青铜装饰艺术传统的特性与规律、挖掘蕴含其中的传统装饰精神，其目的在于守住文化阵地、站稳文化立场，把握自己的文化主体性的历史进程，营造新时代的审美场，从而改善生存环境、构建和谐社会，并对世界文化产生真正的影响力。②

一、绎"境"

商周青铜器纹饰，一直是伴随着商周青铜器在当时的社会生活中的地位及用途的发展而发展的。经历了从抽象到具象，再到抽象的过程。而这都是当时的时代环境所决定的，是为了迎合当时的时代的需要。陕西商周青铜器的发展

---

① 刘昕，刘子建.商周青铜纹饰对现代产品设计的借鉴价值 [J].电影评介，2011，（2）：81-82.

② 曹林.中国装饰艺术传统及其当代文化价值 [D].中国艺术研究院博士学位论文，2005.

之所以举世瞩目，就是因为在当时，青铜器已经融入人们生活的各个方面，从物质到精神，应有尽有。而现代的艺术设计，要结合青铜纹饰的特点，吸取商周青铜器纹饰的特点，首先就必须注重对整体环境的演绎。因为，任何事物都非独立存在，而是和周围的环境所相关。只关注于某一单一的设计，而忽略了整体环境，即使设计再好，再有商周的特色，也因缺失了它所生存的土壤而与周围的环境不相适应，变得十分突兀。因此，在现代艺术设计中，首先应是对作品整体环境的演绎设计，其次再去逐个地设计其中的每项事物，最后再把设计好的作品置于大环境中，最终实现作品整体风格的和谐统一美。世界博览会中国馆的建造构思，综合参考了夏商周青铜器、陶瓷，以及古斗拱等传统元素（图 8-1）。[①]

图 8-1　世界博览会中国馆

二、装"饰"

由于青铜纹饰的特点鲜明，种类繁多，因而在现代艺术设计中，将青铜纹饰与现代艺术结合到一起并不会有太高难度。根据作品自身特点，选择合适的

---

① 刘昕，刘子建. 商周青铜纹饰对现代产品设计的借鉴价值［J］. 电影评介，2011，（2）：81-82.

纹样。贴近普通生活的作品，可选择较为写实的纹样作为作品的装饰纹样；造型简洁的作品，只需少量附加一些简单抽象的纹样，如弦纹、云雷纹、环带纹等作为装饰纹样即可；而一些应用场合较为正式、庄严的作品，则可选择饕餮纹、蟠螭纹、夔凤纹等作为装饰纹样。

根据作品不同的应用场景来选择合适的装饰纹样，才能使作品与纹样和谐统一。① 将这些有着丰富传统内涵的象征纹饰设计于艺术品上，作品所蕴含的精神意得到了升华，这种象征语言的运用表达出作品所要传达的情感信息，又符合中国人在表达情感时含蓄、不张扬的特点。②

北京西海青铜会馆，除了摆放了大量青铜装饰外，在室内装饰和设计上也大胆地采用了传统青铜装饰艺术元素。在天花和立柱的装饰上借鉴了青铜器上"云雷纹"的纹样，而山墙则用"直棱纹"加以装饰（图8-2和图8-3）。

图8-2　北京西海青铜会馆（一）　　　　图8-3　北京西海青铜会馆（二）

云雷纹是在特定的历史条件和社会背景下产生的，其独特的形式美及象征性给当代艺术设计一定的启迪，现代艺术设计在注重遵循形式美法则并在设计

---

① 刘昕，刘子建. 商周青铜纹饰对现代产品设计的借鉴价值［J］. 电影评介，2011，（2）：81-82.

② 邓莉丽. 商周青铜器兽面纹对现代礼品包装设计的启示［J］. 包装工程，2010，（8）：104-107.

中运用恰当的象征语言的同时，使作品设计既富有形式美又蕴含深刻的内涵，在更大程度上满足人们的审美和精神需求。[②]

三、创"意"

创"意"作为最高层次的作品设计，要求作品的设计在符合功能实用的基础上，更要符合造型美、装饰美、意境美。不是单纯地使用青铜纹饰去装饰作品，而是要将纹饰的设计手法和纹饰深层次的寓意与作品的设计理念结合。根据作品自身特点，用设计手法去设计作品的纹饰，使之具有特定的意境，从而达到一种意境美。即使不使用具体的某类纹饰，但是最终的效果却能使作品具备这种神似的感觉，给人以亲切感、严肃感或狰狞感等，即成功的创"意"。[①]

第三节 当代艺术对中国传统青铜装饰艺术形式美法则的"基因"传承

中国当代艺术家从来就没有忽视从神秘而灿烂的青铜艺术中寻找"基因"，他们从中国特色的视觉符号或从传统精神里寻找图式资源，并且转化为自己的图式符号。青铜艺术的象征性、符号性、抽象性特征也以"基因"的方式传延下来，对中国当代艺术家个体精神的成长也产生了重大的影响。中国当代艺术的现状要求中国当代艺术家要确立符合本土文化的价值理念，而不是沿袭西方艺术思想观念的修修补补，那么，这必然要求中国当代艺术家要自觉地从中国传统艺术中去寻找"基因"，保留和强化具有独立品格的艺术精神，创造出符合时代精神的、与时俱进的"新中式"艺术作品。

艺术与宗教一样，同感情世界有关。青铜时代的人有着强烈的心灵流露的内在动力，在艺术上体现出强烈的形式表现因素，在青铜器那形体线条的方圆曲直

---

① 刘昕，刘子建. 商周青铜纹饰对现代产品设计的借鉴价值 [J]. 电影评介，2011，(2)：81-82.

中，无处不有使人震动的力量感觉，无处不有使人兴奋的律动、节奏和韵致。①

　　商代和西周前期的陕西青铜器上的纹饰不具有写实性。"它们之所以具有威吓神秘的力量，不在于这些怪异形象为象征符号，指向了某种似乎是超世间的权威神力的观念；它们之所以美，不在于这些形象如何具有装饰风味，而在于以这些怪异形象的雄健线条，誊沉凸出的铸刻饰，恰到好处体现了一种无限的、原始的、还不能用概念语言来表达的原始宗教的情感、观念和理想，配上那沉着、坚实、稳定的器物造型，极为成功地反映了'有虔秉钺，如火烈烈'（《诗商颂》）那进入文明时代所必经的血与火的野蛮年代。"（李泽厚《美的历程》）。这一时期的青铜纹饰大都采用强烈对比或极度强调局部，如动物的眼睛、嘴、爪常以尖形带钩收住，配上沉着、古拙的器物造型，具有一种不可动摇的"霸气"，充满一种刚健、凝重、古拙的气势力量，而这种力量也正是一个民族的生命力和精神气质的表现，它是人对物质世界和自然对象征服意志的体现。当代设计家亦不乏许多对这种精神的追求。郭线庐先生的《青铜系列》由青铜装饰元素组合而成，在表现形式上吸收了青铜装饰纹样题材，以神秘、狞厉的图像语言。塑造了极具东方神韵又具有抽象的艺术张力和厚重的传统文脉感的现代设计①（图 8-4）。

图 8-4　郭线庐作品《青铜系列》

---

① 刘志翼. 小议中国当代雕塑对中国青铜纹饰的继承 [J]. 华商，2007，（30）：81-82.

作者运用变形在众多的形象中寻找内在的联系，在内在联系中建立新的特殊形象。作品是设计家的情感、性情的依托载体，这种独特的审美特质不但具有鲜明的民族性和时代性，更重要的是它熔铸着作者强烈的情感。①

而下面这件西安美术学院工艺系 2011 级毕业生的毕业作品，同样借鉴了传统青铜器的装饰纹样。将青铜器上的夔凤纹、蟠螭纹、顾龙纹等题材元素和其他文化的图腾如非洲木雕等结合，使之遥相呼应，给人以神秘莫测之感（图 8-5）。

图 8-5　西安美术学院学生毕业作品

青铜器纹饰和造型一般运用对称格式。对称格式的应用在特定形式上可以更好地表达内容的要求，在纹饰格式上则产生庄严感。青铜器上运用的对称性同样影响了当代艺术。在当代艺术品中采用对称的构图，可产生一种极为庄严、肃静的心理反应，大大有利于对作品的知觉和理解。①

著名的宝鸡青铜器博物馆（图 8-6），"1998 年建成并对外开放。主体建筑面积 10 000 平方米，为风格独特的'平台五鼎'造型，气势雄伟，新颖别致，浓缩了西周列鼎制度的深刻内涵。它是全国唯一以青铜器命名的专题博物馆，被列为中国青铜器收藏史上的里程碑。"

图 8-7 为西安美术学院工艺系毕业生的毕业作品。图 8-7 中，这两件红铜装置屏风，均运用了对称法则，借鉴了青铜器装饰纹样和铜镜的纹饰特征，为造型及装饰纹样注入了平衡、匀称的特征，满足了眼睛和注意活动对平衡的需要，使作品更加简化有序。

①　刘志翼. 小议中国当代雕塑对中国青铜纹饰的继承［J］. 华商，2007，（30）：81-82.

图 8-6　宝鸡青铜器博物馆

图 8-7　西安美术学院学生毕业作品

　　我认为，陕西青铜器的纹饰线条不是一般的图案花纹的形式美、装饰美，而是凝聚了生命力和力量感的"有意味的形式"。中国当代艺术家并没有忽视对这种线条的运用，他们用线形体取代块状体来表现事物的本质。这样空间更加奇特，节奏更加丰富，省去了多余的琐碎的东西，也使空间获得了自由。

　　陕西青铜器上的纹饰"是完全变形了的、风格化了的、幻想的、可怖的动物形象"，这是青铜魅力所在之一。青铜纹饰不是模仿客观的自然，而是一种"有意味的形式"，表现了"人化"的自然。陕西青铜纹饰那奇特古怪的"变形"是对现实外部世界大胆地肢解和重新组合，是心灵的模仿和智慧、才华的表现，是追求物质的本质特征、追求精神的整体力量的显示。那些单纯简练的造型，无所谓抽象，也无所谓具象，是丰富多彩的大自然的浓缩凝聚。青铜艺术的这种表现手法也为中国当代艺术家提供了灵感和艺术语言。青铜器传统纹样是现代艺术设计取之不竭、用之不尽的宝藏。[①]

图 8-8 展示的是中南民族大学美术学院服装设计专业毕业表演上的"鼎礼衣痕"环节，可见，现代制衣理念创新民族元素设计的时尚主旋律已推至高潮。[①]

图 8-8　中南民族大学学生毕业作品

陕西青铜器另一种极有吸引力的表现形式是那沉着有力的纹饰线条，这种线条完全是风格化、规范化的：曲直 S 形运动和空间构造，内部充溢着的出神入化的韵律和生命节奏，纹饰曲直转折、纵横所产生的结构严谨、布缀丰富的效果，完全成为"人化"了的线条，显示出一种遒劲之势，一派崇高肃穆之气。脱胎于青铜器提梁卣的双拥无线耳机设计。[①]

2009 年 11 月，湖南省科技厅一楼的湖南省工业设计创新平台，在"湘 Home+ Style 文化创意产品开发工作坊"举行的产品创意设计答辩会上，7 所国内外大学设计专业研究生以湖南文化符号为基本元素，在一周时间里设计的 100 多款产品让人眼前一亮。其中受青铜器提梁卣造型启发而设计的耳机、脱胎于四羊方尊造型的街头自行车存车亭设计尤为引人注目（图 8-9、图 8-10）。

[①]　刘志翼. 小议中国当代雕塑对中国青铜纹饰的继承 [J]. 华商，2007，（30）：81-82.

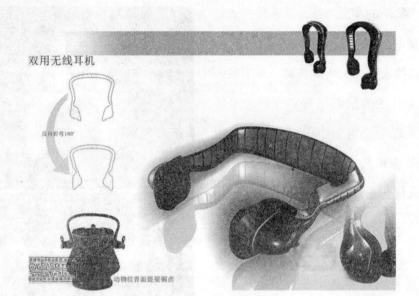

图 8-9　无线耳机

图 8-10　自行车存车亭

现代艺术设计不仅要体现出形式美，还要富有一定的内涵，通过作品能向人们传达更多的情感、观念等信息，正如饕餮纹饰于青铜礼器的器物表面，这与饕餮纹的象征性功能密不可分，现代艺术设计也要注重运用一定的象征语言。

象征是以外在的感性事物形象，暗示一种抽象普遍性的意义，象征所给人们的或要使人们意识到的，不是这个具体的外在事物本身所具有的直接意义，而是以某些特征所暗示的普遍性意义。在实用性作品的设计中，找到合适的外在感性的事物形象十分重要，这种外在事物形象不仅能准确地表达出象征意义，还要和作品的功能相吻合。值得一提的是，现代艺术设计中象征语言的运用除了注重体现我国的传统文化，还注重体现时代性，和现代人不断变化的生活观念、思想观念相呼应。同样是在这次创意设计答辩会上，一款以青铜爵为设计元素的椅子的设计也颇为独到（图8-11）。它的造型借鉴了商周时青铜酒器——爵，可以摆放在酒吧的吧台等地，不仅凸显了功能性，还是对传统文化艺术的吸收和借鉴。①

除此之外，在世界其他国家和地区，也对我国传统青铜艺术装饰设计的理念有诸多借鉴和吸收。Joepvan Lieshout设计的雕塑（图8-12），有强烈的方向性和运动感，显得庄严神圣，空间上亦有强烈的视觉效果。②

图 8-11 爵椅

图 8-12 Oepvan Lieshout 设计的雕塑

Basse Anneaux 设计的桌子（图8-13），在造型上摒弃了琐碎的细节，以凝练、概括的手法加以表现，而装饰纹样却借鉴了中国传统青铜装饰元素，着力

---

① 邓莉丽.商周青铜器兽面纹对现代礼品包装设计的启示［J］.包装工程，2010，（8）：104-107.
② 刘志翼.小议中国当代雕塑对中国青铜纹饰的继承［J］.华商，2007，（30）：81-82.

刻画细节，使作品显得厚重、端庄。这种简繁对比相得益彰，增加了作品的节奏感和层次性，使作品显得别具一格，质感独特。

图 8-13　Basse Anneaux 设计的桌子

图 8-14　Basse aux Pieds Carres 设计的桌子

另外，还有 Basse aux Pieds Carres 设计的桌子（图 8-14），Console Bicyclette 的柜子（图 8-15），以及 Primitive 设计的带抽屉的柜子（图 8-16），都带有明显的中国传统青铜装饰元素，体现了现代设计对传统青铜装饰艺术象征语言的吸收和借鉴。

图 8-15　Console Bicyclette 设计的柜子　　　　图 8-16　Primitive 设计的带抽屉的柜子

第九章
结　论

一、主要观点

青铜器文化是我国古代装饰艺术的重要组成部分，是当时人们社会生活、宗教信仰、思想意识、审美观念的重要载体。青铜器的研究内容相当广泛，既有属于社会科学范畴的，又有属于自然科学范畴的，但多数专著研究的出发点在于考古学、历史学方面，而较少从形态学、艺术学的角度研究，尤其对青铜的造型艺术和演变规律缺乏系统的研究。笔者正是从这一点出发，从形态学、艺术学角度来分析陕西青铜的造型艺术特色，并通过纵向的时间脉络加以梳理，从中发现陕西青铜造型装饰工艺的演变规律[①]，在吸收借鉴前人研究成果基础上，对陕西青铜器文化中装饰艺术的全面分析和研究，不仅增进了对夏商周时期的美术特别是工艺美术发展状况的了解，还进一步加深了对夏商周时期社会文化艺术的全面认识。[②] 主要学术观点和创新点表现在以下几个方面。

第一，界定了"青铜文化"。所谓"青铜文化"，基本含义是指针对青铜这一特定物质而展开的文化过程，各式各样的青铜器，是其终端产品，凝聚着文化过程所包容、涉及的所有物质因素和精神因素。简而言之，它是指人类社会历史实践过程中使用青铜所创造的物质财富和精神财富的总和。这里既承认了"青铜文化"的地域含义，也承认了"青铜文化"的时段含义。归根到底，这两种含义是紧密相关的，只有社会发展到一定的阶段，青铜的发明和制作才有可能。本书的研究对象，是陕西青铜文化中的装饰艺术元素，以及它对当代设计的作用与影响。作为研究对象的陕西青铜器，从时间轴上来看，主要指商周二代的器物，包括滥觞期的青铜器一直到东周时期赋予新含义的青铜制品。在地

[①]　朱志娟.青铜文化考——解析青铜造型艺术及其演变［D］.武汉理工大学硕士学位论文，2005.
[②]　杨远.夏商周青铜容器的装饰艺术研究［D］.郑州大学博士学位论文，2007.

域轴上，只探讨陕西地区出土的青铜器，对其他地区所出现的青铜器不作探究。此外，本书还确立了青铜器装饰艺术研究的范畴。青铜器的装饰艺术包括青铜器的造型、装饰纹样题材、装饰工艺和装饰艺术的表现形式等内容，所以，本书主要对这些问题作了系统的分析探讨。[①]

第二，对不同种类的陕西青铜器造型艺术作了分析，在前人对青铜器分期研究成果的基础上，从分类入手，依时代为序，对每种器类的造型演变作了分析。[②]

陕西青铜器的造型，从最初的产生到后来的发展，由于阶段的不同也有所变化。商周时期的青铜，是青铜器发展的一个高峰期，其造型在整体上呈现了从个性化向秩序化发展的趋势，设计风格化背景的变更。从陕西青铜器众多品类来作整体分析，可以看出，历代青铜器的造型艺术，都是虚实空间相生的，其艺术特征和艺术风格，偏重于对造型空间的空灵感、虚无感的追求。青铜器的造型，具有"势壮为美"的美学特征、"有容乃大"的造型气魄、"象形寓意"的艺术情趣，以及形式美的审美特征。从"备物致用"设计初衷、"铸鼎象物"的设计方法、"器以载道"的功能目的到器物本身反映出浓烈的人机意识，青铜器体现出耐人寻味的造型设计意识。这些设计意识，是我们造型设计思想上的宝贵财富，在我们今天研究设计方法中都是值得借鉴的。[①]

第三，对陕西商周青铜器的装饰题材作了分类，并在此基础上分析了某些题材的内涵。陕西青铜器的装饰纹样题材丰富多彩，主要有五大类，即神异动物纹、仿生动物纹、几何纹、植物纹和人物画像故事纹。神异动物纹有兽面纹、龙纹、凤鸟纹三类，在商代和西周早、中期它们的形式变化最为丰富，是青铜器装饰的主要题材。到西周中、晚期，则逐渐用抽象变形的几何纹作为主要装饰题材。这种装饰作风到春秋中、晚期又有了新的变化，伴随着各种金属细作

---

① 朱志娟. 青铜文化考——解析青铜造型艺术及其演变 [D]. 武汉理工大学硕士学位论文，2005.

② 杨远. 夏商周青铜容器的装饰艺术研究 [D]. 郑州大学博士学位论文，2007.

工艺的发展，出现了工整细密的图案式装饰风格。仿生动物纹始终是青铜器装饰的一种基本题材，整个商周时期都有不同程度运用。植物花卉题材，是我国古代装饰艺术的重要题材之一，但其在商周时期一向很少受人注意，对其在青铜器装饰上的运用作了分析。其作为青铜器装饰题材，出现虽早，但运用较少，而且大多处于陪衬地位，直到东周时期，才逐步得以广泛运用，也逐渐成为一种独立的装饰题材。人物和画像故事纹在青铜器上也有着明显的阶段性变化，尤其画像故事类题材是东周时期出现的一种新型装饰题材，它的出现具有重要意义。陕西青铜器各类装饰题材的变化反映着其内涵的演变和时代变化息息相关。其中动物纹样的内涵可能具有多样性，而且是随着时代的变化而有所改变的。[①]

第四，对陕西青铜器的装饰工艺作了分析总结。青铜器装饰工艺的发展对青铜器艺术风格的形成有着重要意义，而装饰工艺和社会生产力的发展，以及科技进步有着密切的关系。有的装饰工艺和青铜器的铸造技术有密切关系，而另外一些工艺则完全为装饰所运用。[①]

第五，对陕西青铜器装饰艺术的表现形式作了分析。青铜器装饰艺术的表现形式，有平面线性纹样装饰、立体雕塑性装饰、刻符文字性装饰和色彩性装饰四大类，它们在史前装饰艺术中都已有不同程度运用。其中，线性纹样是青铜器装饰的主要表现形式，而其他三类一向不为人们所重视，但它们对青铜器的造型和装饰的完整性、美观性都有重要意义，所以它们都是青铜器装饰艺术的重要组成部分。本书对这些装饰艺术在陕西青铜器上的运用情况均作了分析。[①]

第六，本书从追索陕西青铜装饰艺术传统思想的发生与发展入手，审视其本质与特征，结合陕西商周青铜容器的装饰艺术风格，在回顾其设计理念的基础上，结合当代艺术作品的典型实例，探讨当代艺术对传统青铜装饰艺术的吸

---

① 杨远.夏商周青铜容器的装饰艺术研究［D］.郑州大学博士学位论文，2007.

收和借鉴，并最终得出结论：当今，在全球经济一体化的浪潮下，中国经济飞速发展，新的审美立场正得以建立。融合并借鉴传统青铜装饰艺术，具有重要的时代价值，将对自然环境、人文符号乃至文化环境等因素产生重大影响，从而催生与时代发展相适应的"新中式"艺术形态。①

二、未来展望

中国的历史，延绵几千年，中国文明有着比其他文明更长的内在动力。久远的历史虽已逝去，成了只能追述的数不清的往事。但历史并没有完全消失，它被后来的时光埋藏，日复一日，年复一年，在人类的记忆中渐渐被忘却，变得不那么清晰。精神总是靠物质来负载，所谓古文化，归根到底还是要凭古人的生活遗存来说明。古人通过其遗留物显示其存在，今人也通过古人的物质存留而了解往昔。走进岁月洪流，淘尽历史狂沙，先人留下的器物，让人类的记忆慢慢复苏，透过对器物文化的解读，我们可以看到，斑斓的色彩在历史的长河中闪烁着耀眼的光芒。②

19 世纪以来，西方文化伴随着宗教、鸦片和枪炮，狂潮般地席卷而来；而新时期的改革开放，又使更多五光十色的物质文明成果涌向此岸。人们在物质技术空间里陶醉，却无暇顾及对自我文化源流价值的追问，致使道德精神空间相对萎缩。一方面，中国在近现代的巨大变迁，使我们难以寻觅明显的文化继承之脉，原有的独特形象和辉煌成果，一度被认为是因循守旧的代名词，表现形式由单纯走向枯燥乏味，带来对本土文化经验产生妄自菲薄的危险认识；另一方面，在传统意义受到轻视的同时，新时代的审美场却没有建立起来，尚无强健能力鉴别与消化外来影响、抵御与反抗文化专制。在文化立场不坚定的情况下，我们往往很容易被西方的审美眼光所左右，结果就无从判断应该扬弃什

①　曹林.中国装饰艺术传统及其当代文化价值［D］.中国艺术研究院博士学位论文，2005.

②　朱志娟.青铜文化考——解析青铜造型艺术及其演变［D］.武汉理工大学硕士学位论文，2005.

么、接受什么，甚至误以为迎合西方就是赶上时代。这种令人遗憾的自我贬抑和文化盲从，是历史转型期的必然表现。我们必须认识误解的危害，清醒而理智地审理这些业已存在的问题，不是情绪化地与外来文化决然对立，从而在21世纪跨国际语境下，对传统文化的基本走向有正确的意向性判断。

曾经汹涌澎湃的中国装饰艺术传统之河，一直拥有独立的思想观念与表现形式，但是在它蜿蜒曲折的流程中，从来就没有间断过对传统文化的学习与借鉴。中国有特殊的历史经验，青铜装饰艺术的传统之河所积淀下来的审美格调、价值标准都是独一无二的，未来的道路也会异于别人。[①]

20世纪以来的现当代中国艺术，在复杂多变的时空背景下，不论是指导思想，还是创作实践，都自成一格并殊途于欧美现代主义路线。这种在文化发展史上的中西异道，不应被视为负面现象，更不需要以西方的价值尺度作为衡量体系。中国人理当以自己的书写方式，勾画中国文化主体性的装饰美学蓝图，进而形成"新理性主义"的装饰文化形态，而不致在国际舞台上迷失自我。[①]

在过去几十年中，中国的经济增长率一直保持在两位数上下，是世界上发展速度最快的国家。这一点与东亚相邻发达国家早期发展阶段的情形相似，而且中国在国内改革中已显现出更大的潜力。中国的综合国力迅速提高，在国际格局中已占有举足轻重的地位。这为弘扬传统文化，使装饰艺术传统产生真正的文化影响力，提供了良好的技术环境、经济环境与国际环境。在当今科技条件下，我们所想到的艺术创意几乎都能实现。数字化提高了人对机器的控制力，文化思想更加有效地渗透到生产过程当中，传统文化的现代化进程从一个侧面反映中国社会主义现代化进程。

诚然，过去的成绩已经过去，它们理应被超越。但是，矜持于正统与传统的自信态度，并不等于保守落后，不应以损伤文化艺术遗产为前提，去被动地

---

① 曹林. 中国装饰艺术传统及其当代文化价值［D］. 中国艺术研究院博士学位论文，2005.

顺应全球化理论。历史的事实证明，尽管当今世界在科技、经济、制度、文化等方面有不同于往昔的特征，如电脑网络的全球化，资本运作和生产过程的跨国化、非中心化，在国际关系上趋于同质化和文化对话化，等等，但各个国家，尤其是经济发达国家，在遵守国际惯例的同时，无不把保护自己的传统文化放到一个重要位置。所以，我们没有理由处处以欧美文化的版本作为自己的标尺，而放弃装饰艺术与工艺美术传统。①

陕西商周青铜器是商周文化和审美风尚的典型物质载体，其中，礼器用以烹煮盛装祭祀物品奉献给诸神，乐器用于演奏祭神乐曲以娱神。青铜器不仅数量繁多，且品种齐全。朱志荣先生在《夏商周美学思想研究》一书中说："商周时期的美学思想是一种以主体意识为核心、以整体观念为统摄、以工艺技术为依托、崇尚线条和形式感，并受到政治和世俗深刻影响的美学思想。这一美学思想是中国美学思想的源头，为后世美学思想的多样化、纵深方向发展提供源源不断的动力和支持。随着时代的发展，商周美学思想及承担这些思想的艺术形式不仅没有随着时代的流逝而丧失原有生命力，反而随着时代的前进焕发出无限的生机与活力，体现出经久不衰的艺术品质。"②

青铜器的器物制造和"生活世界"的关联融合使得商周青铜器的造型纹饰制造在当时全社会的观念因素中生发出了"辩证式"影响。这里的"生活世界"是 20 世纪现象学派创始人、德国哲学家胡塞尔（Edmund Husserl，1859 ～ 1938 年）提出的一个重要理念。他认为，哲学必须回归"生活世界"，所有的经验世界就其内容而言，不仅包括外在于人的客观世界，也包括主体的意识认知及精神内核。因此，借由商周时期的主体心理结构（也就是青铜器的创作者）来把握当时的精神意象便显得尤为重要。

德国古典哲学和美学奠基人康德（Immanuel Kant，1724 ～ 1804 年）在其

① 曹林.中国装饰艺术传统及其当代文化价值［D］.中国艺术研究院博士学位论文，2005.
② 朱志荣.夏商周美学思想研究［M］.北京：人民出版社，2009：12 ～ 18.

著作《判断力判断》中曾提出："一个审美判断，只要掺杂了丝毫利害计较，就会是很偏私的，而不是单纯的审美判断……美是不涉及概念而普遍地使人愉快的。"① 在中国传统审美意识中，"色"在很早之前即被当做纯粹的视觉美对象。《孟子·告子上》所论"目之于色，有同美焉"；《荀子·礼论》声称"雕琢刻镂，黼黻文章，所以养目也"。不难看出，无论是容皿造器还是装饰纹样，其绚丽外观皆可满足审美客体的视觉快感。当我们面对历时千载却依然弥足珍贵的陕西商周青铜器时，往往会展开无尽遐思。先民们将"此在"对美的探求与思考，蕴藉于历时性的客观存在，无论是威仪中透露神秘的殷商，肃穆里流淌典雅的西周，还是世俗下饱含格趣的东周，以及那些五色斑斓、光彩夺目的失蜡填漆、嵌金错银，还有那源深流长、泽被后世的美学思想和设计理念，无不令人目不暇接、流连忘返。毋庸置疑，陕西商周青铜器已然化身为商周宗教信仰、政治制度、社会生活、人文风俗、审美趣尚、造物思想的物化喻体，它们不仅负载原料材质、形态造型、装饰纹样、加工技法、结构部件等外在功能表现，还被划归于文化内涵、社会功能、文化价值、美感心理和成器之道等观念范畴，可谓"在形而上下间游走"的时代"投影"，其外在形式传达创作主客体的观念因素，内化机制蕴藉主客体情感依托，使人得以抽丝剥茧、拨开浓雾，管窥时人精神世界之冰山一隅。在中华大地上，青铜器具备实用与装饰两重属性的宝贵财富，它不仅是时人精神生活的物化观照，还是生产技术、审美特征的直观体现，它蕴藉物质基础，暗合精神文化，先民们通过手中的器物，传达出自身的艺术哲思与工匠精神，进而抒发蕴藏其中的观念因素及文化机制。

---

① ［德］康德著，邓晓芒译，杨祖陶校.判断力判断［M］.北京：人民出版社，2002：247～253.

参 考 文 献

1. 专著

［1］王国维. 王国维遗书（影印本）［M］. 北京：商务印书馆，1940：176.

［2］容庚. 商周彝器通考［M］. 北京：哈佛燕京学社，1941：131.

［3］郭沫若. 青铜时代［M］. 北京：人民出版社，1954：317-318.

［4］郭沫若. 中国古代社会研究［M］. 北京：科学出版社，1960：155-165.

［5］中共中央编译局. 马克思恩格斯选集（第一卷）［M］. 北京：人民出版社，1972：237.

［6］郭宝钧. 中国青铜器时代［M］. 北京：生活·读书·新知三联书店，1977.

［7］邹衡. 夏商周考古学论文集［M］. 北京：文物出版社，1980：68.

［8］朱剑心. 金石学［M］. 北京：文物出版社，1981：12，99，100.

［9］郭宝钧. 商周青铜器群综合研究［M］. 北京：文物出版社，1981：1，59，125，160，197.

［10］王朝闻. 美学概论［M］. 北京：人民出版社，1981：281.

［11］马承源. 中国古代青铜器［M］. 上海：上海人民出版社，1982：39.

［12］吴山. 中国新石器时代的陶器装饰艺术［M］. 北京：文物出版社，1982：图版3.

［13］容庚，张维持. 殷周青铜器通论［M］. 北京：文物出版社，1984：102.

［14］李学勤. 东周与秦代文明［M］. 北京：文物出版社，1984：223.

［15］宗白华. 艺境［M］. 北京：北京大学出版社，1986：207.

［16］马承源. 中国青铜器［M］. 上海：上海古籍出版社，1988：1.

［17］翦伯赞. 先秦史［M］. 北京：北京大学出版社，2001：204-205.

［18］丁山. 中国古代宗教与神话考（影印本）［M］. 上海：上海文艺出版社，1988：77.

[19] 诸葛铠. 图案设计原理 [M]. 南京：江苏美术出版社，1990：76.

[20] 北京大学考古系. 考古学研究 [M]. 北京：北京大学出版社，1994：126.

[21] 刘敦愿. 美术考古与古代文明 [M]. 台北：台北允晨文化实业股份有限公司，1994：78.

[22] 朱凤瀚. 古代中国青铜器 [M]. 天津：南开大学出版社，1995：24，29，39，45-48.

[23] 谢崇安. 商周艺术 [M]. 成都：巴蜀书社，1997：132.

[24] 李伯谦. 中国青铜文化结构体系研究 [M]. 北京：科学出版社，1998：231.

[25] 王世民，陈公柔，张长寿. 西周青铜器分期断代研究 [M]. 北京：文物出版社，1999：182-193，251-254.

[26] 李政道. 李政道文录 [M]. 杭州：浙江文艺出版社，1999：251.

[27] 李福顺. 中国美术史 [M]. 沈阳：辽宁美术出版社，2000：97-110.

[28] 王朝闻. 中国美术史：夏商周卷 [M]. 济南：齐鲁书社，2000：233.

[29] 河南省文物考古研究所. 郑州商城 [M]. 北京：文物出版社，2001：231.

[30] 陈振裕. 中国古代青铜器造型纹饰 [M]. 武汉：湖北美术出版社，2001：77-92.

[31] 李先登. 夏商周青铜文明探研 [M]. 北京：科学出版社，2001：179.

[32] 剪伯赞. 先秦史 [M]. 北京：北京大学出版社，2001：204-205.

[33] 李泽厚. 美的历程 [M]. 天津：天津社会科学出版社，2001：57-64，72.

[34] 刘凤君. 美术考古学导论 [M]. 济南：山东大学出版社，2002：6，44.

[35] 李砚祖. 工艺美术概论 [M]. 济南：山东教育出版社，2002：217.

[36] 李松，贺西林. 中国古代青铜器艺术 [M]. 西安：陕西人民美术出版社，2002：40-41.

[37] 栾丰实，方辉，靳桂云. 考古学理论·方法·技术 [M]. 北京：文物出版社，2002：81.

[38] 彭裕商. 西周青铜器年代综合研究 [M]. 成都：巴蜀书社，2003：132.

[39] 朱和平. 中国青铜器造型与装饰艺术 [M]. 长沙：湖南美术出版社，2004：127.

[40] 高西省. 西周青铜器研究 [M]. 西安：陕西人民出版社，2005：213.

[41] 中国社会科学院考古研究所夏商周考古研究室. 三代考古 [M]. 北京：科学出版社，2006：310.

［42］曹玮.陕西出土陕北青铜器［M］.成都：巴蜀书社，2010：172.

2. 期刊

［1］陈梦家.西周铜器断代（二）［J］.考古学报，1955，（1）：137-175+256-276，（2）：64-
142+155-172.

［2］陈梦家.西周铜器断代（五）［J］.考古学报，1956，（3）：105-127.

［3］李济.安阳遗址出土之狩猎卜辞、动物遗骸与装饰纹样［J］.考古人类学刊，1957，（9）：
10-17.

［4］龙宗鑫.古代铜器土的纹饰结构［J］.文物，1958，（11）：23-37.

［5］马承源.漫谈中国青铜器上的画像［J］.文物，1961，（10）：26-28.

［6］容庚.宋代吉金书籍述评［J］.学术研究，1963，（6）：81-97.

［7］谭旦冏.春秋铜器的新编年与龙纹的演变［J］.故宫季刊，1973，7（4）：72-76.

［8］张长寿.殷商时代的青铜容器［J］.考古学报，1979，（3）：271-300.

［9］李学勤.西周中期青铜器的重要标尺［J］.中国历史博物馆馆刊，1979，（0）：29-36.

［10］周金.陕西出土商周青铜器（一）简介［J］.考古，1980，（6）：511+572.

［11］杜迺松.陕西出土商周青铜器（二）介绍［J］.考古，1981，（3）：287.

［12］高明.中原地区东周时代青铜礼器研究（下）［J］.考古与文物，1981，（4）：55-58.

［13］杨育彬.郑州二里岗期商代青铜容器的分期和铸造［J］.中原文物，1981，（特刊）：36-39.

［14］吴镇烽.商周青铜器装饰艺术［J］.考古与文物，1983，（5）：33-36.

［15］杨锡璋.殷墟青铜容器的分期［J］.中原文物，1983，（3）：48-51.

［16］陈公柔，张长寿.殷周青铜容器上鸟纹的断代研究［J］.考古学报，1984，（3）：137-
168.

［17］王世民，张亚初.殷代乙辛时期青铜容器的形制［J］.考古与文物，1986，（4）：69-74.

［18］邵大箴.装饰艺术和装饰艺术家［J］.装饰，1988，（2）：46-47.

［19］李丰.黄河流域西周墓葬出土青铜礼器的分期与年代［J］.考古学报，1988，（4）：383-
419.

［20］岳钰. 论商周青铜器造型设计艺术［J］. 西北美术，1989，（3）：117-133.

［21］安金槐. 对郑州商代二里岗期商代青铜容器分期问题的初步探讨［J］. 中原文物，1992，（3）：23-29.

［22］高西省. 扶风出土的西周爬龙及研究［J］. 文博，1993，（6）：84-89+98.

［23］辛爱罡. 商周青铜器上的蝉纹［J］. 考古求知集，1997，（2）：39-42.

［24］唐际根. 中商文化研究［J］. 考古学报，1999，（4）：393-420.

［25］张子中. 商代青铜文化与身体直接感觉［J］. 求是学刊，1999，（2）：100-103.

［26］傅军. 论原始彩陶纹样艺术的缘起与发展［J］. 内蒙古师范大学学报（社科版），2000，（5）：99-103.

［27］李维明. 郑州早商铜礼器年代辨识［J］. 故宫博物院院刊，2001，（2）：25-33.

［28］李光安. 试论青铜器饕餮纹的狞厉美［J］. 殷都学刊，2001，（12）：35-37.

［29］马承源. 商代青铜器纹样属性溯源［J］. 上海博物馆集刊，2002，（9）：23-27.

［30］卢杰. 略论线在古代装饰中的运用［J］. 临沂师范学院学报，2003，（2）：115-117.

［31］袁思培. 包装设计形式美的研究［J］. 包装工程，2003，24（5）：64.

［32］汤淑君. 河南商周青铜器蝉纹及其相关问题［J］. 中原文物，2004，（6）：34-41.

［33］岳洪彬. 殷墟青铜容器分期研究［J］. 考古学集刊，2004，（15）：121-124.

［34］李向伟. 装饰艺术风格的共性和个性刍议［J］. 南京艺术学院学报，2005，（2）：57-60.

［35］黄厚明. 良渚文化鸟人纹像的内涵和功能（下）［J］. 民族艺术，2005，（2）：38-44.

［36］杨晓能. 商周青铜器纹饰和图形文字的含义及功能［J］. 文物，2005，（6）：72-81.

［37］张如画. 装饰艺术与材料情结［J］. 长春大学学报，2005，（3）：88-91.

［38］陆晓云. 装饰造型的历史流变与审美意蕴［J］. 南通大学学报（社会科学版），2005，（4）：137-140.

［39］童娜，洪华，陶晋. 从中国古代器物的象征寓意谈情感化设计［J］. 设计艺术. 2006，（4）：50.

［40］刘志翼. 小议中国当代雕塑对中国青铜纹饰的继承［J］. 华商，2007，（30）：81-82.

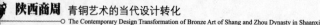
［41］党蕊.从青铜器纹饰看中国传统装饰美感［J］.四川文物，2008，（5）：3+46-48.

［42］雷保杰.商周青铜器的造型与纹饰设计艺术初探［J］.新乡教育学院学报，2009，（4）：97-98.

［43］邓莉丽.商周青铜器兽面纹对现代礼品包装设计的启示［J］.包装工程，2010，（8）：104-107.

［44］卜小丽.青铜器纹饰在动画造型设计中的应用［J］.大众文艺，2010，（21）：48-49.

［45］刘昕，刘子建.商周青铜纹饰对现代产品设计的借鉴价值［J］.电影评介，2011，（2）：81-82.

［46］卢昉.陕西先秦青铜纹饰的象征语言对当代艺术的启示［J］.大众文艺，2013，（12）：92+138.

［47］王斐.青铜器纹饰之美——以安徽枞阳出土青铜方彝为例［J］.阜阳师范学院学报（社会科学版），2014，（9）：130-132.

［48］梁丹，张洪亮.先秦青铜纹饰的美学思想［J］.艺术教育，2014，（12）：26-27.

［49］李斌.论考古学与文物保护科学之间的关系［J］.文物世界，2014，（1）：69-72.

［50］刘明科.青铜器上的动物世界［J］.收藏，2014，（17）：112-123.

［51］［美］巫鸿.谈几件中山国器物的造型与装饰［J］.文物，1979，（5）：46-50.

［52］［美］张光直.商周青铜器上的动物纹样［J］.考古与文物，1981，（2）：35-39.

［53］［德］罗越 M.中国青铜时代的礼器［J］.考古与文物，1981，（2）：135-142.

3. 论文集

［1］中国考古学会.中国考古学会第一次年会论文集［C］.北京：文物出版社，1979：321.

［2］中国考古学会.中国考古学会第四次年会论文集［C］.北京：文物出版社，1985：137.

［3］李学勤.论二里头文化的饕餮［A］//李学勤.走出疑古时代［C］.沈阳：辽宁大学出版社，1994：90-93.

［4］曹玮.周原西周铜器分期［A］//中国社会科学院考古研究所夏商周考古研究室.考古学研究（二）［C］.北京：北京大学出版社，1994：144-165.

［5］河南省文物考古学会.河南文物考古论集［C］.郑州：河南人民出版社，1996：292-297.

［6］邹衡.试论殷墟文化分期［A］//邹衡.夏商周考古学论文集［C］.北京：科学出版社，2001：64-68.

［7］邹衡.试论夏文化［A］//夏商周考古学论文集［C］.北京：科学出版社，2001：106.

［8］张懋镕.古文字与青铜器论集（第一辑）［C］.北京：科学出版社，2001.

［9］张懋镕.古文字与青铜器论集（第二辑）［C］.北京：科学出版社，2006.

［10］张懋镕.古文字与青铜器论集（第三辑）［C］.北京：科学出版社，2010.

［11］张懋镕.古文字与青铜器论集（第四辑）［C］.北京：科学出版社，2014.

［12］王世民.商周铜器考古学研究的回顾与展望［A］//北京大学考古文博学院等.温故知新——面向中国考古学的未来［C］.2002：161.

［13］岳洪彬.殷墟青铜器纹饰的方向性研究［A］//中国社会科学院考古研究所夏商周考古研究室.三代考古（一）［C］.北京：科学出版社，2004：191.

［14］杨善清.殷商先民审美意识研究［A］//王宇信，宋镇豪，孟宪武.2004年安阳殷商文明国际学术研讨会论文集［C］.北京：社会科学文献出版社，2004：344-353.

［15］何毓灵.试论中商时期时青铜容器［A］//王宇信，宋镇豪，孟宪武.中国社会科学院考古研究所夏商周考古研究室.三代考古（二）［C］.北京：科学出版社，2006：346-348.

［16］岳洪彬.殷墟青铜器纹饰研究［A］//中国社会科学院考古研究所夏商周考古研究室.三代考古（三）［C］.北京：科学出版社，2006：418-422.

4. 专著中析出的论文

［1］郑振香，陈志达.殷墟青铜器的分期与年代［A］//中国社会科学院考古研究所.殷墟青铜器［C］.北京：文物出版社，1985：38-58.

［2］庞薰琹.谈装饰艺术［A］//北京工艺美术出版社.工艺美术文选［C］.北京：北京工艺美术出版社，1986：1.

［3］常沙娜.“不惑”之路［A］//袁运甫.中央工艺美术学院艺术设计［C］.石家庄：河北美术出版社，1996：216.

［4］詹开逊.新干商代大墓青铜器装饰纹样初探［A］//江西省文物考古研究所，江西省博物馆，新干县博物馆.新干商代大墓［C］.北京：文物出版社，1997：324.

［5］陈志达.妇好墓青铜器的装饰艺术［A］//《中国青铜器全集》编辑委员会.中国青铜器全集（二）［C］.北京：文物出版社，1997.

［6］马承源.商周青铜器纹饰综述［A］//马承源.中国青铜器研究［C］.上海：上海古籍出版社，2002：355-356.

［7］马承源.商周时代火的图像及有关问题的探讨［A］//马承源.中国青铜器研究［C］.上海：上海古籍出版社，2002：413-428.

［8］上海博物馆青铜研究组.商周青铜器纹饰综述［A］//马承源.中国青铜器研究［C］.上海：上海古籍出版社，2002：395-355.

［9］孙华.彭县竹瓦街铜器再分析［A］//高崇文，日安田.长江流域青铜文化研究［C］.北京：科学出版社，2002：126.

5. 发掘简报

［1］中国科学院考古研究所等.西安半坡——原始氏族公社聚落遗址［M］.北京：文物出版社，1963：182.

［2］庞怀清，镇烽，忠如，等.陕西省岐山县董家村西周铜器窖穴发掘简报［J］.文物，1976，（5）：26-44+96-98.

［3］陕西周原考古队.陕西扶风庄白一号西周青铜器窖藏发掘简报［J］.文物，1978，（3）：1-18+98-104.

［4］宝鸡市博物馆.宝鸡强国墓地［M］.北京：文物出版社，1988：121-133.

［5］中国社会科学院考古研究所.张家坡西周墓地［M］.北京：中国大百科全书出版社，1999：19-28.

6. 学位论文

［1］段勇.商周青铜器上的幻想动物纹研究［D］.北京大学博士学位论文，2001.

［2］许大海.汉代艺术设计思想要义［D］.苏州大学博士学位论文，2005.

［3］朱光华.早商青铜器分期与区域类型研究［D］.郑州大学博士学位论文，2005.

［4］朱志娟.青铜文化考——解析青铜造型艺术及其演变［D］.武汉理工大学硕士学位论文，2005.

［5］庄黎.青铜文化考——从青铜艺术的发展探究社会文化对创新意识发生的作用［D］.武汉理工大学硕士学位论文，2005.

［6］曹林.中国装饰艺术传统及其当代文化价［D］.中国艺术研究院博士学位论文，2005.

［7］黄薇.陕西不同地区土壤埋藏环境与青铜器锈蚀特征的研究［D］.西北大学硕士学位论文，2006.

［8］杨远.夏商周青铜容器的装饰艺术研究［D］.郑州大学博士学位论文，2007.

［9］陈红梅.云南大理白族银器艺术研究［D］.昆明理工大学硕士学位论文，2009.

［10］包燕.三星堆器物坑青铜器与商代中原青铜器的比较［D］.山东大学硕士学位论文，2009.

［11］王宏.商周青铜罍研究［D］.陕西师范大学硕士学位论文，2010.

［12］闫婷婷.西周时期中原地区青铜器鸟形装饰研究［D］.陕西师范大学硕士学位论文，2012.

［13］曹巧一.从体觉经验的角度再看商周青铜器及漆器的纹饰与色彩［D］.武汉理工大学硕士学位论文，2013.

［14］赵文治.商代青铜器主要动物纹饰地位的演变及其原因探析［D］.西北师范大学硕士学位论文，2014.

［15］蒋雯.试论湖南商周青铜器的艺术特征与美学价值［D］.湖南师范大学硕士学位论文，2014.

［16］梁丹.论先秦青铜器装饰艺术的美学思想［D］.广东工业大学硕士学位论文，2015.

7. 报纸文章

董琦.关于中商文化的几个问题［N］.中国文物报.1998-7-29：3；1998-8-5：3；1998-8-12：3.

8. 图录

［1］文物出版社编辑.中国古青铜器选［M］.北京：文物出版社，1976：72-97.

［2］陕西省考古研究所，文物管理委员会、博物馆.陕西出土商周青铜器（一）［M］.北京：

文物出版社，1979：68.

［3］陕西省考古研究所，陕西省文物管理委员会等.陕西出土商周青铜器（一一四）［M］.北京：文物出版社，1979～1984：126-137.

［4］陕西省考古研究所，文物管理委员会、博物馆.陕西出土商周青铜器（二）［M］.北京：文物出版社，1980：154.

［5］中国社会科学院考古研究所.殷墟青铜器［M］.北京：文物出版社，1985：103-122.

［6］中国青铜器全集编辑委员会.中国青铜器全集：2［M］.北京：文物出版社，1997：27-40.

［7］中国社会科学院考古研究所.殷墟的发现与研究［M］.北京：科学出版社，2001：29-38.

［8］中国社会科学院考古研究所.中国考古学：夏商卷［M］.北京：中国社会科学出版社，2003：387.

［9］中国社会科学院考古研究所.中国考古学：两周卷［M］.北京：中国社会科学出版社，2004：36-42.

9. 译著

［1］［希腊］柏拉图.柏拉图文艺对话录［M］.朱光潜译.北京：人民文学出版社，1980：298.

［2］［美］奈斯比特 J. 大趋势——改变我们生活的十个新方向［M］.梅艳译.北京：中国社会科学出版社：1984：172.

［3］［俄］康定斯基 W. 点线面——抽象艺术的基础［M］.罗世平译.上海：上海人民美术出版社，1988：24-25.

［4］［日］樋口隆康.中国考古学研究论文集［M］.蔡凤书译.西安：东方书店，1990：133-195.

［5］［美］艾兰 S. 龟之谜——商代神话、祭祀、艺术和宇宙观研究［M］.汪涛译.成都：四川人民出版社，1992：99，143-144.

［6］［德］韦伯 M. 学术与政治［M］.冯克利译.北京：生活·读书·新知三联书店，1998：129.

［7］［美］张光直.中国青铜时代［M］.北京：生活·读书·新知三联书店，1999：1，2，26.

［8］［美］张光直.美术、神话与祭祀［M］.沈阳：辽宁教育出版社，2002：43.

后 记

随着新时代知识经济的不断发展，公众对优秀传统文化的需求日益提高，加之商周重要考古遗址的不断发现，作为青铜文物大省的陕西，青铜文化研究显得尤为重要。陕西商周时期的青铜器，对当代艺术设计具有重要借鉴意义。笔者在本书的撰写过程中，吸纳了众多前辈同侪的前期成果精华。这些妙论华章，为笔者带来了极大帮助，在此深表感谢。与此同时，还要感谢我的硕士导师张懋镕先生、博士导师杨休先生、博士后合作导师信立祥先生的无私关怀与帮助，感谢科学出版社华长印编辑对书稿的尽心竭智，感谢西安美术学院应一平先生、杨锐先生对封面设计的精心巧智，感谢家人朋友的呵护体贴，你们是我人生路上的最大财富，谢谢你们！

书稿即将付梓，自觉有太多问题还需补充，很多内容有待充实，很多论述还来不及展开，希望缺点与不足能成为动力契机，在今后的研探中能有所提高，也希望专家同人们不惜赐教，多多批评斧正，提出宝贵意见。

卢 昉

2017 年 10 月于长安